D1719702

Eine Arbeitsgemeinschaft der Verlage

Böhlau Verlag · Wien · Köln · Weimar
Verlag Barbara Budrich · Opladen · Toronto
facultas.wuv · Wien
Wilhelm Fink · Paderborn
A. Francke Verlag · Tübingen
Haupt Verlag · Bern
Verlag Julius Klinkhardt · Bad Heilbrunn
Mohr Siebeck · Tübingen
Nomos Verlagsgesellschaft · Baden-Baden
Ernst Reinhardt Verlag · München · Basel
Ferdinand Schöningh · Paderborn
Eugen Ulmer Verlag · Stuttgart
UVK Verlagsgesellschaft · Konstanz, mit UVK / Lucius · München
Vandenhoeck & Ruprecht · Göttingen · Bristol
vdf Hochschulverlag AG an der ETH Zürich

Reinhard Joachim Wabnitz

Grundkurs Familienrecht für die Soziale Arbeit

Mit 7 Tabellen, 67 Übersichten, 14 Fallbeispielen und Musterlösungen

4., überarbeitete Auflage

Ernst Reinhardt Verlag München Basel

Prof. Dr. jur. Dr. phil. *Reinhard Joachim Wabnitz*, Magister rer. publ., Ministerialdirektor a. D., Professor für Rechtswissenschaft, insbesondere Familien- und Kinder- und Jugendhilferecht am Fachbereich Sozialwesen, Hochschule RheinMain, Wiesbaden

Außerdem von R. J. Wabnitz im Ernst Reinhardt Verlag erschienen:
– Grundkurs Recht für die Soziale Arbeit (2., überarb. Auflage 2014, ISBN 978-3-8252-4143-8)
– Grundkurs Kinder- und Jugendhilferecht für die Soziale Arbeit (3., überarb. Aufl. 2012, ISBN 978-3-8252-3841-4)

Bibliografische Information der Deutschen Nationalbibliothek

Die Deutsche Bibliothek verzeichnet diese Publikation in der Deutschen Nationalbibliografie; detaillierte bibliografische Daten sind im Internet über <http://dnb.d-nb.de> abrufbar.
   UTB-Band-Nr.: 2754
   ISBN: 978-3-8252-4264-0

Printed in Germany
Einbandgestaltung: Atelier Reichert, Stuttgart
Satz: Da-TeX Gerd Blumenstein, Leipzig

Ernst Reinhardt Verlag, Kemnatenstr. 46, D-80639 München
Net: www.reinhardt-verlag.de E-Mail: info@reinhardt-verlag.de

Inhalt

Abkürzungsverzeichnis

a. a. O.	am angegebenen Ort
AdVermiG	Adoptionsvermittlungsgesetz
AG	Amtsgericht
BAföG	Bundesausbildungsförderungsgesetz
BayObLG	Bayerisches Oberstes Landesgericht
BGB	Bürgerliches Gesetzbuch
BEEG	Bundeselterngeld- und Elternzeitgesetz
BErzGG	Bundeserziehungsgeldgesetz
BKGG	Bundeskindergeldgesetz
BtBG	Betreuungsbehördengesetz
BVerfG	Bundesverfassungsgericht
BVerfGE	Amtliche Sammlung der Entscheidungen des Bundesverfassungsgerichts
BKGG	Bundeskindergeldgesetz
BGH	Bundesgerichtshof
BGHZ	Amtliche Sammlung der Entscheidungen des Bundesgerichtshofs
EGBGB	Einführungsgesetz zum BGB
EGZPO	Einführungsgesetz zur ZPO
EStG	Einkommensteuergesetz
FamFG	Gesetz über das Verfahren in Familiensachen und in Angelegenheiten der freiwilligen Gerichtsbarkeit
FamRZ	Zeitschrift für das gesamte Familienrecht
FGG	Gesetz über die Angelegenheiten der Freiwilligen Gerichtsbarkeit
FPR	Familie, Partnerschaft und Recht
FuR	Familie und Recht
GVG	Gerichtsverfassungsgesetz
Haager MSA	Haager Minderjährigenschutzabkommen
i. V. m.	in Verbindung mit
JAmt	Das Jugendamt (früher: Der Amtsvormund)
JGG	Jugendgerichtsgesetz
JZ	Juristenzeitung
KindPrax	Kindschaftsrechtliche Praxis
KJB	Kinder- und Jugendbericht

LG	Landgericht
LPartG	Lebenspartnerschaftsgesetz
NJW	Neue juristische Wochenschrift
NZFam	Neue Zeitschrift für Familienrecht
OLG	Oberlandesgericht
PStG	Personenstandsgesetz
RBerG	Rechtsberatungsgesetz
RdJB	Recht der Jugend und des Bildungswesens
RDG	Rechtsdienstleistungsgesetz
RKEG	Gesetz über die religiöse Kindererziehung
SGB	Sozialgesetzbuch
SGB I	Erstes Buch Sozialgesetzbuch (Allg. Teil)
SGB VIII	Achtes Buch SGB (Kinder- und Jugendhilfe)
SGB X	Zehntes Buch SGB (Verwaltungsverfahren)
SGG	Sozialgerichtsgesetz
StGB	Strafgesetzbuch
StPO	Strafprozessordnung
UVG	Unterhaltsvorschussgesetz
UN	Vereinte Nationen
UN-KRK	UN-Kinderrechtskonvention
vgl.	vergleiche
VwGO	Verwaltungsgerichtsordnung
ZfJ	Zentralblatt für Jugendrecht (bis 2005)
ZKJ	Zeitschrift für Kindschaftsrecht und Jugendhilfe
ZPO	Zivilprozessordnung

Vorwort

Familienrecht gehört zu den Kernfächern der Ausbildung von Studierenden an den Fachbereichen für Soziale Arbeit, Sozialpädagogik bzw. Sozialwesen an Hochschulen und mitunter auch an Universitäten in Deutschland. Zumeist ist dort bereits im Grundstudium eine entsprechende Lehrveranstaltung zu besuchen und mit einer Klausur abzuschließen. Dies stellt eine besondere Herausforderung für Studierende wie für Lehrende dar, zumal die gängigen Lehrbücher dafür überwiegend als zu umfangreich und komplex erscheinen.

Diese Lücke will der vorliegende „Grundkurs Familienrecht für die Soziale Arbeit" schließen, der aus Lehrveranstaltungen an der Hochschule RheinMain in Wiesbaden hervorgegangen ist. Das Buch vermittelt in 14 Kapiteln das für die Soziale Arbeit relevante Basiswissen des Familienrechts in einer systematischen und deshalb einprägsamen und zugleich auf die Zielgruppe zugeschnittenen, verständlich formulierten Art und Weise. Im Mittelpunkt der Darstellung stehen Übersichten und Tabellen über das „Wichtigste" für die Klausur, ergänzt um Erläuterungen und Fallbeispiele. Für diejenigen Studierenden, die darüber hinaus „weiterarbeiten" wollen, sei auf die Vertiefungen in einzelnen Kapiteln sowie auf die Literatur- und Rechtsprechungsangaben verwiesen.

Erfreulicherweise sind seit der 1. Auflage dieses Grundkurses im Jahre 2006 bereits drei weitere Neuauflagen erforderlich geworden. In dieser 4. Auflage ist das Werk wiederum auf den aktuellen Stand von Gesetzgebung, Literatur und Rechtsprechung gebracht worden. Insbesondere die Gesetze zur Reform der elterlichen Sorge nicht miteinander verheirateter Eltern sowie zur Stärkung der Rechte des leiblichen, nicht rechtlichen Vaters sowie das Gesetz über den Umfang der Personensorge bei einer Beschneidung des männlichen Kindes sind dabei berücksichtigt worden.

Hingewiesen wird zudem auf die „Parallelwerke" des Autors: „Grundkurs Kinder- und Jugendhilferecht für die Soziale Arbeit" (3. Aufl. 2012) sowie „Grundkurs Einführung in das Recht für die Soziale Arbeit" (2. Aufl. 2014), die ebenfalls im Ernst Reinhardt Verlag erschienen sind.

Viel Erfolg und Spaß beim Einstieg in eine für die Soziale Arbeit außerordentlich wichtige und spannende, weil lebens- und praxisnahe Rechtsmaterie!

Wiesbaden, Sommer 2014
Reinhard Joachim Wabnitz

1 Familien und Familienrecht

1.1 Ehe und Familie in Deutschland

Ehe und Familie stellen außerordentlich bedeutende kulturelle und sozialpolitische Themen dar und sind der zentrale und originäre Lebensbereich der meisten Menschen in Deutschland. Ehe und Familie sind auch wesentlicher Gegenstand zahlreicher Wissenschaften: der Sozialarbeitswissenschaft, der Soziologie, der Psychologie, der Bevölkerungswissenschaft, der Statistik, aber auch der Ökonomie, der Philosophie, der Theologie – und nicht zuletzt der Rechtswissenschaft.

Was ist deshalb „Familie"? Manche sagen: „Familie ist dort, wo Kinder sind." Dies ist im Wesentlichen zutreffend, wenn dabei auch ausgeblendet wird, dass auch sehr alte Menschen mit ihren längst erwachsenen „Kindern", die jedoch keine Kinder im Rechtssinne mehr sind, weiterhin eine Familie darstellen. Familie im soziologischen Sinne ist deshalb definiert als eine Gruppe von Menschen, bei der im Verhältnis zueinander die einen von den anderen abstammen. Die Rechtswissenschaft folgt diesem soziologischen Grundverständnis. Sowohl für die Soziologie als auch für die Rechtswissenschaft ist es also unerheblich, ob die Eltern miteinander verheiratet sind oder nicht, ob beide Eltern mit dem Kind zusammenleben oder „nur" ein Elternteil, ob es sich um ein Kind, um zwei, drei oder mehr Kinder handelt und ob nur ein Elternteil oder beide Eltern das Sorgerecht haben.

Was ist „Ehe"? Ehe im Rechtssinne wird definiert als „exklusive", auf Dauer angelegte und aufgrund von staatlichen Regelungen begründete, geschützte und privilegierte Lebensgemeinschaft eines Mannes und einer Frau. Als soziale Institution war die Ehe jedoch immer wieder erheblichen Wandlungen unterworfen. In römischen Zeiten hatten gut situierte Männer oft eine zweite Frau, und auch in Deutschland war dies bis ins Mittelalter häufig der Fall. Erst später wurde das Konkubinat abgeschafft. Im Gegensatz dazu bestanden über Jahrhunderte hinweg Eheverbote für Männer, die ökonomisch nicht dazu in der Lage waren, eine Familie zu unterhalten.

Dementsprechend gab es in früheren Zeiten weit mehr nichteheliche Kinder und Stiefelternteile als heute. Die 1950er und 1960er Jahre, die als die „Blütezeit der Familie" gelten, waren mithin eher ein historischer Ausnahmefall als die historische Regel, weil das Bedürfnis nach Sicherheit und Geborgenheit sowie nach einem geregelten Leben in Europa nach dem Zweiten Weltkrieg – und insbesondere in Deutschland – besonders groß gewesen ist.

Im Grundgesetz von 1949 wurden „Ehe und Familie" noch gleichsam in „einem Atemzug" genannt (vgl. Art 6 Abs. 1 GG) und auch in den ersten Jahrzehnten der Nachkriegszeit im Regelfall als Einheit verstanden: Wer heiratete, wünschte sich fast immer Kinder – oder man heiratete, um sie nicht unehelich auf die Welt kommen zu lassen. Kinderlosigkeit oder Nichtehelichkeit von Kindern wurden als Defizit oder gar als Makel empfunden. Von alledem kann heute jedenfalls generell nicht mehr die Rede sein.

Auch das Verhältnis zwischen Mann und Frau einerseits und zwischen Eltern und Kindern andererseits hat sich im Lauf der Jahrhunderte immer wieder, ganz besonders jedoch in den letzten drei Jahrzehnten, grundlegend geändert. Zur Zeit des Inkrafttretens des BGB im Jahre 1900, im wilhelminischen Kaiserreich, war der Mann und Vater eine fast uneingeschränkte Herrscherfigur in Ehe und Familie, während die Frau wenig und die Kinder fast überhaupt nicht „mit zu reden" und mit zu entscheiden hatten. Der Mann konnte der Frau die Berufstätigkeit untersagen und hatte die „elterliche Gewalt", wie dies damals lautete, über die Kinder.

Erst seit den 1950er Jahren des vergangenen Jahrhunderts begann der deutsche Gesetzgeber, die Rechte von Mann und Frau – und übrigens auch von nichtehelichen und ehelichen Kindern – schrittweise anzugleichen. Deren volle rechtliche Gleichstellung wurde jedoch erst in den 1990er Jahren verwirklicht.

Die derzeit zumeist diskutierten Entwicklungen und Probleme im Zusammenhang mit Ehe und Familie sind u. a. folgende:

- grundlegende Veränderungen im Partnerschaftsverhältnis vor dem Hintergrund der Forderung nach einer Vereinbarkeit von Familie und Beruf,
- die Auflösung traditioneller Haushaltsformen,
- die Zunahme von Ehescheidungen,
- die steigende Zahl von Alleinerziehenden,

- der Rückgang der Heiratsneigung,
- der Anstieg der nichtehelichen Lebensgemeinschaften und
- ein starkes Absinken der Geburtenraten seit mehr als einer Generation.

Die Zahl der Ehescheidungen ist in den letzten Jahrzehnten kontinuierlich gestiegen. Zurzeit wird in Deutschland mehr als jede dritte Ehe geschieden. Dies hat nicht nur mit einer besseren wirtschaftlichen und rechtlichen Absicherung von Frauen und einem Nachlassen der Geltungskraft sozialer und religiöser Normen zu tun, sondern auch mit der Entwicklung der Ehedauer. Vor 100 Jahren war noch jede dritte der im üblichen Alter geschlossenen Ehen schon nach etwa 20 Jahren durch Tod eines Ehegatten beendet. Heute dauert eine Ehe, die im Alter von etwa 30 Jahren geschlossen und nicht geschieden wird, in den europäischen Ländern je nach den Sterbeverhältnissen 40 Jahre oder länger.

Grundlegend verändert hat sich in den Industriestaaten auch die Größe von Familien. Heute dominiert die Ein- und Zweikinderfamilie, die Drei- und Vierkinderfamilien sind sehr selten geworden.

Dies alles hat auch zu einem drastischen Geburtenrückgang in Deutschland, aber auch in anderen Ländern geführt. Seit über 40 Jahren werden in Deutschland ca. ein Drittel zu wenig Kinder geboren, als rein rechnerisch erforderlich wären, um einen gleichmäßigen Bevölkerungsaufbau zu gewährleisten. Statt der „notwendigen" 2,1 Kinder pro erwachsenes Paar bzw. pro Frau sind es relativ konstant in Deutschland nur noch 1,3 bis 1,4 Kinder pro Frau, die rein statistisch gesehen das Licht der Welt erblicken.

Die Ehe als Lebensform wird allerdings nach wie vor hoch bewertet: Die große Mehrheit der Frauen und Männer in West- und Ostdeutschland (mit geringfügigen Unterschieden) halten die Ehe nach wie vor für sinnvoll und erstrebenswert. Kinder werden dabei – nachdem sie nicht mehr für die soziale Absicherung ihrer Eltern aufkommen müssen – als Möglichkeit der Lebenserfüllung der Eltern gesehen, als Quelle der Freude und als persönliche Bereicherung. Die Wertschätzung von Ehe und Familie ist in der Bevölkerung also nach wie vor fest verankert.

Generell lässt sich feststellen, dass eine Gesellschaft ohne Kinder eine Gesellschaft ohne Zukunft ist. Auch könnten Staat und Gesellschaft die von Familien erbrachten Leistungen weder bezahlen noch organisieren, geschweige denn Humanität, Liebe, Geborgenheit und solidarisches Mit- und Füreinander in ähnlicher Weise gewährleisten.

Familie ist einerseits der „privateste Raum" der meisten Menschen, in den sich der Staat grundsätzlich nicht einmischen sollte. Familie ist andererseits aber auch keine reine „Privatsache", sondern das Fundament von Staat und Gesellschaft, das Familienpolitik und Familienrecht stützen, fördern und stabilisieren sollen. Schließlich ist Familie aber leider auch ein Bereich, in dem tausendfach Elend, Vernachlässigung und Gewalt vorkommen, so dass den jeweils „schwächeren" Familienmitgliedern geholfen werden muss. Für all dies braucht es nicht zuletzt rechtliche Regelungen – insbesondere im Familienrecht.

1.2   Familienrecht und Grundgesetz

Das Grundgesetz für die Bundesrepublik Deutschland, die ranghöchste innerstaatliche Rechtsquelle, enthält im Wesentlichen fünf zentrale Verfassungsbestimmungen, die für Ehe und Familie wichtig sind und die in der Übersicht 1 aufgeführt sind.

Familienrecht und Grundgesetz (GG)

Übersicht 1

1. Art. 6 Abs. 1 Ehe und Familie
–   besonderer Schutz der staatlichen Ordnung

2. Art. 3 Abs. 2 Satz 1
–   Gleichberechtigung von Mann und Frau

3. Art. 6 Abs. 2 Pflege und Erziehung der Kinder
–   als Recht und Pflicht der Eltern (Satz 1)

über die die staatliche Gemeinschaft wacht, so genanntes „Staatliches Wächteramt" (Satz 2)

4. Art. 6 Abs. 4 Mutterschutz
–   Anspruch auf Schutz/Fürsorge

5. Art. 6 Abs. 5 Kinder
–   Gleichberechtigung von nichtehelichen und ehelichen Kindern

---

Von besonderer Bedeutung für das Familienrecht sind primär Art. 6 Abs. 1 und 2 GG.

1.2.1 Besonderer Schutz der staatlichen Ordnung für Ehe und Familie

Nach Art. 6 Abs. 1 GG stehen „Ehe und Familie" unter dem „besonderen Schutz der staatlichen Ordnung".

Vertiefung: Dies bedeutet nach der Rechtsprechung insbesondere Folgendes:

- Art. 6 Abs. 1 GG ist ein „klassisches" Freiheitsrecht im Sinne der im 18. und 19. Jahrhundert erkämpften „Abwehrrechte" gegen den (damals noch obrigkeitlichen) Staat. Danach war und ist die spezifische Privatsphäre von Ehe und Familie grundsätzlich vor äußerem Zwang durch den Staat geschützt, und der Staat ist verpflichtet, dies zu respektieren und zu fördern (vgl. BVerfGE 6, 55; 24, 119; 66, 84; 68, 256).
- Art. 6 Abs. 1 GG enthält einen besonderen Gleichheitssatz, der verbietet, Ehe und Familie gegenüber anderen Lebens- und Erziehungsformen schlechter zu stellen (Diskriminierungsverbot). Es wird also eine Benachteiligung von Ehegatten und von Alleinerziehenden gegenüber Ledigen, z. B. im Steuerrecht (vgl. BVerfGE 61, 319; 68, 143), untersagt.
- Art. 6 Abs. 1 GG schützt Ehe und Familie „als solche", als besondere Lebensordnung (Institution), und enthält demgemäß eine so genannte „Institutsgarantie" (vgl. BVerfGE 31, 58).
- Und schließlich trifft Art. 6 Abs. 1 GG eine verbindliche Wertentscheidung für den gesamten Bereich des privaten und öffentlichen Rechts. Daraus ergibt sich einerseits das Verbot für den Staat, Ehe und Familie zu schädigen oder sonst zu beeinträchtigen, andererseits aber auch das Gebot, Ehe und Familie durch Gesetze und durch sonstige staatliche Maßnahmen zu fördern (vgl. BVerfGE 6, 55). Allerdings lässt sich aus diesem allgemeinen Förderungsgebot kein konkreter Anspruch auf bestimmte staatliche Maßnahmen und Leistungen herleiten. Bei der Festlegung derselben kommt dem Staat deshalb ein nicht unerheblicher Gestaltungsspielraum zu (vgl. BVerfGE 23, 258; 75, 348).

1.2.2 Elternrechte und Staatliches Wächteramt

Von ebenfalls fundamentaler Bedeutung ist des Weiteren Art. 6 Abs. 2 GG. Dieser Artikel enthält zwei Sätze. Nach Satz 1 sind Pflege und Erziehung der Kinder „zuvörderst" (also: in erster Linie) Recht und Pflicht der Eltern. In dieses verfassungsrechtlich geschützte Elternrecht darf der Staat mithin grundsätzlich nicht eingreifen – es sei denn, das Kindeswohl wäre gefährdet.

Deshalb wird Art. 6 Abs. 2 Satz 1 durch den Satz 2 ergänzt, wonach der Staat über „deren Betätigung" (also: die Wahrnehmung von Elternrechten und -pflichten) wacht. Aufgrund dieses „staatlichen Wächteramtes" muss der Staat z. B. bei Kindesmisshandlung oder -vernachlässigung eingreifen. Die zuständigen Stellen sind mithin befugt und ggf. verpflichtet, zum Schutz von Kindern und Jugendlichen dabei auch Elternrechte einzuschränken.

Auf diesen Verfassungsnormen von Art. 6 Abs. 2 Satz 1 und 2 GG bauen sowohl das Familienrecht als auch das Kinder- und Jugendhilferecht (nach dem SGB VIII) auf (siehe dazu auch Deutscher Bundestag (2013); 14. Kinder- und Jugendbericht, 260 f. sowie Übersicht 2).

Grundgesetz, Familienrecht, Kinder- und Jugendhilferecht

Übersicht 2

Die beiden zentralen Verfassungsnormen des

Art. 6 Abs. 2 Satz 1 GG	**Art. 6 Abs. 2 Satz 2 GG**
„Elternrechte / -pflichten"	**„Staatliches Wächteramt"**

werden konkretisiert:

insbesondere durch das Buch 4. BGB (Familienrecht):	durch Art. 6 Abs. 3 und das SGB VIII (Kinder- und Jugendhilfe):
– §§ 1626 ff. Elterliche Sorge – §§ 1773 ff. Vormundschaft	Schutzaufgaben des Jugendamtes (§§ 8a, 42 ff. SGB VIII); ferner: Eingriffsbefugnisse des Familiengerichts (§§ 1666 ff. BGB)

„Dazwischen" gibt es umfassende präventive sowie Familien unterstützende, ergänzende und ggf. ersetzende Leistungsangebote der Kinder- und Jugendhilfe (§§ 11 bis 41 SGB VIII).

Im Grundgesetz selbst können nur ganz zentrale Wert- und Verfassungs-
entscheidungen getroffen werden. Von daher bedürfen Normen des
Grundgesetzes der Konkretisierung durch die so genannten einfachen Gesetze des Bundes und der Länder. Art. 6 Abs. 2 Satz 1 GG wird dementsprechend vor allem konkretisiert durch das elterliche Sorgerecht in den
§§ 1626 ff. des Buches 4. BGB Familienrecht. Art. 6 Abs. 2 Satz 2 GG
(„staatliches Wächteramt") wird zum einen konkretisiert durch die genannten Paragraphen des Sozialgesetzbuches Achtes Buch – SGB VIII
(Kinder- und Jugendhilfe) mit Aufgaben des Jugendamtes und andererseits durch Eingriffsbefugnisse des Familiengerichts (aufgrund von
§ 1666 BGB; siehe dazu Kapitel 10). Zwischen diesen beiden Polen liegt
ein breites Feld von möglichen Leistungen der Kinder- und Jugendhilfe.

Unter dem „Dach" von Art. 6 Abs. 2 GG entfalten sich mithin Familienrecht und Kinder- und Jugendhilferecht in einer mannigfach aufeinander bezogenen Weise. In Buch 4. BGB Familienrecht wird an zahlreichen Stellen auf das SGB VIII (Kinder- und Jugendhilfe) verwiesen,
und umgekehrt wird an etlichen Stellen im SGB VIII das Regelwerk des
Buches 4. BGB Familienrecht vorausgesetzt. Das 4. Buch Familienrecht
(BGB) und das SGB VIII bilden also in weiten Teilen gleichsam eine
Einheit, die getrennt voneinander nicht vollständig begriffen werden
kann. Allein aus didaktischen und systematischen Gründen empfiehlt es
sich allerdings, den Einstieg in das Familienrecht und in das Kinder- und
Jugendhilferecht (SGB VIII) zunächst „getrennt" zu suchen, um danach
verstärkt auf die jeweiligen Zusammenhänge und Verflechtungen einzugehen.

Aus der Sicht des Elternrechts rankt sich das Kinder- und Jugendhilferecht gleichsam „zwiebelförmig" um dieses herum. Das SGB VIII beinhaltet grundsätzlich freiwillige Leistungen, die in Anspruch genommen werden können, aber nicht in Anspruch genommen werden müssen. Entsprechend den in Übersicht 3 gekennzeichneten vier Alternativen gestaltet sich
das Kinder- und Jugendhilferecht – aus Sicht der grundgesetzlich verbürg-
ten Elternrechte – jedoch schrittweise „intensiver": bis hin schließlich zu
dem Punkt, wo etwa bei Kindeswohlgefährdung sogar Eingriffe in die Elternrechte (durch das Familiengericht) erforderlich sind.

Elternrecht und Kinder- und Jugendhilfe

Übersicht 3

Eltern / Alleinerziehende haben die Pflicht, ihre Kinder zu pflegen und zu erziehen (Art 6 Abs. 2 Satz 1 GG sowie §§ 1626 ff. BGB):

1. **Alternative:** Die Eltern gewährleisten günstige Entwicklungsbedingungen für ihre Kinder (entsprechend §§ 1626 ff. BGB): Es sind keine Maßnahmen nach dem SGB VIII erforderlich.

2. **Alternative** (faktisch der häufigste Fall!): Die Eltern suchen ergänzende / unterstützende Leistungen der Kinder- und Jugendhilfe: z. B. in Form von Kinesbetreuung oder -pflege (§§ 22 ff. SGB VIII), Familienbildung, -freizeiten, -erholung, Frühen Hilfen (§ 16 SGB VIII) oder von speziellen Angeboten der Förderung der Erziehung in der Familie (§§ 19 bis 21 SGB VIII).

3. **Alternative:** Die Eltern suchen Unterstützung in schwierigen Situationen: z. B. durch Eheberatung oder Beratung in Fragen von Trennung, Scheidung oder bei Sorge-, Umgangs- oder Unterhaltsfragen (§§ 17, 18 SGB VIII).

4. **Alternative:** Die Eltern haben im Falle von (drohenden) Erziehungsdefiziten Bedarf hinsichtlich spezieller sozialpädagogischer Hilfe und Unterstützung im konkreten Einzelfall und damit Anspruch auf Hilfe zur Erziehung (§§ 27 ff. SGB VIII):
   – Beantragen die Eltern eine solche Hilfe nicht, erhalten sie auch keine Hilfe / Unterstützung. Der Grundsatz lautet: keine Zwangshilfen in die Familie!
   – Grenze jedoch bei Kindeswohlgefährdung – dann Maßnahmen ggf. auch gegen den Willen der Eltern nach §§ 8a, 42 SGB VIII sowie § 1666 BGB.

1.3 Familienrecht im BGB und in anderen Gesetzen

1.3.1 Systematische Differenzierung

Es gibt eine große Anzahl von Gesetzen des Familienrechts im BGB und in anderen Gesetzen. Dabei kann man systematisch folgende Arten von familienrechtlichen Gesetzen unterscheiden:

Tab. 1: Zivilrechtliche Gesetze des Familienrechts

Materielles Recht	Formelles Recht
BGB 4. Buch Familienrecht	Gerichtsverfassungsgesetz (GVG)
BGB 1., 2., 5. Buch	Zivilprozessordnung (ZPO)
Einführungsgesetz zum BGB (EGBGB)	
Lebenspartnerschaftsgesetz (LPartG)	Gesetz über das Verfahren in Familiensachen und in den Angelegenheiten der freiwilligen Gerichtsbarkeit (FamFG)
Versorgungsausgleichsgesetz	Personenstandsgesetz (PStG)
Gesetz über die religiöse Kindererziehung (RKEG)	Betreuungsbehördengesetz

- Familiengesetze des Zivilrechts: Im Zivilrecht geht es um Rechtsbeziehungen zwischen natürlichen und juristischen Personen (des Zivilrechts), die sich regelmäßig „gleich geordnet" gegenüberstehen.
- Familiengesetze des öffentlichen Rechts: Das öffentliche Recht ist dadurch gekennzeichnet, dass auf zumindest einer Seite der Rechtsbeziehungen ein Träger hoheitlicher Verwaltung steht – oft, aber nicht immer, in einem Überordnungsverhältnis gegenüber dem Bürger.
- Materiell-rechtliche Gesetze des Familienrechts: Materielles Recht regelt, was Recht ist bzw. was rechtens ist.
- Formell-rechtliche Gesetze des Familienrechts: Das formelle Recht oder Verfahrens- oder Prozessrecht regelt demgegenüber, wie Recht (zumeist über Gerichte) durchgesetzt wird.

Tab. 2: Öffentlich-rechtliche Gesetze des Familienrechts

Materielles Recht	Formelles Recht
Sozialgesetzbuch VIII. Buch (SGB VIII) – Kinder- und Jugendhilfe	Sozialgesetzbuch VIII. Buch (SGB VIII) – Kinder- und Jugendhilfe
Bundeselterngeld- und Elternzeitgesetz (BEEG)	Verwaltungsgerichtsordnung (VwGO)
Einkommensteuergesetz (EstG)	
Bundeskindergeldgesetz (BKGG)	Sozialgerichtsgesetz (SGG)
Unterhaltsvorschussgesetz (UVG)	
Adoptionsvermittlungsgesetz (AdVermiG)	Adoptionsvermittlungsgesetz (AdVermiG)
Bundesausbildungsförderungsgesetz (BAFöG)	
Haager Minderjährigenschutz abkommen (MSA)	
UN-Kinderrechts-Konvention (UN-KRK)	

Es gibt mithin jeweils materiell- und formell-rechtliche Gesetze sowohl des Zivilrechts als auch des öffentlichen Rechts. Über allen diesen Gesetzen steht – als oberste Rechtsquelle – das Grundgesetz.

In den Tabellen 1 und 2 werden die wichtigsten Gesetze des Familienrechts entsprechend der oben vorgenommenen systematischen Differenzierung benannt.

1.3.2   Das Familienrecht im BGB

Das wichtigste Gesetz des Familienrechts ist das Buch 4. BGB Familienrecht, das den wesentlichen Inhalt der vorliegenden Darstellung ausmacht. Es ist mit ca. 600 Paragraphen auch das deutlich umfangreichste der fünf Bücher des BGB. Es gliedert sich in die drei großen Abschnitte „Bürgerliche Ehe" (§§ 1297 bis 1588), „Verwandtschaft" (§§ 1589 bis 1772) und „Vormundschaft, Pflegschaft und Rechtliche Betreuung" (§§ 1773 bis 1921). Entsprechend seiner großen Bedeutung für die Soziale Arbeit wird der mittlere Abschnitt „Verwandtschaft" in den Kapiteln 4 bis 10 dieses Buches besonders ausführlich behandelt.

Über das Buch 4. des BGB Familienrecht hinaus gibt es auch familienrechtliche Regelungen in Buch 1. des BGB (Allgemeiner Teil), in Buch 2. (Schuldrecht) sowie in Buch 5. des BGB (Erbrecht), das wiederum in weiten Teilen auf familienrechtlichen Grundsätzen nach dem Buch 4. aufbaut.

Bereits ganz am Anfang des BGB, im allgemeinen Teil, werden wichtige Regelungen getroffen, die für das Familienrecht und für die übrigen Bücher des BGB von Bedeutung sind, z. B. über die für Minderjährige wichtigen Altersstufen (siehe Tabelle 3).

Vertiefung: Das BGB war nach über 20-jährigen Vorarbeiten im Jahre 1896 vom Reichstag verabschiedet worden und mit einer Reihe von anderen Gesetzen am 01.01.1900 in Kraft getreten. Es entsprach weit gehend den damaligen politischen und gesellschaftlichen Vorstellungen, die noch bis in die Zeit der Weimarer Republik hinein fortwirkten. Zu grundlegenden Änderungen kam es nach der nationalsozialistischen Diktatur erst in den 1950er und dann vor allem in den 1970er und 1990er Jahren (vgl. dazu auch Deutscher Bundestag (2013); 14. Kinder- und Jugendbericht, 263).

Das EGBGB, das Einführungsgesetz zum Bürgerlichen Gesetzbuch, stammt ebenfalls aus den Jahren 1896/1900. Wichtig ist das – wiederholt geänderte – EGBGB weiterhin mit Blick auf Rechtsverhältnisse von Bürgerinnen und Bürgern aus der früheren DDR und mit Blick auf Rechtsbeziehungen zwischen Deutschen und Ausländern, wo sich z. B. die Frage stellen kann, welche Rechtsordnung überhaupt Anwendung findet: das deutsche BGB oder das amerikanische, spanische, türkische Zivilgesetzbuch etc.

Meilensteine familienrechtlicher Reformen waren mehrere Gesetze zur Verbesserung der Rechte der Frau seit den 1950er Jahren; die Eherechtsreformgesetzgebung 1977, mit der im Scheidungsverfahren das

Verschuldens- durch das Zerrüttungsprinzip abgelöst worden ist, die Gesetzgebung zur Reform der elterlichen Sorge 1979/1980, durch die die „elterliche Gewalt" über Kinder durch das elterliche Sorgerecht abgelöst worden ist, und die Einführung der Rechtlichen Betreuung 1992.

Eine besonders tief greifende Reform des Kindschaftsrechts erfolgte 1997 mit Wirkung von 1998 mit wiederum grundlegenden Veränderungen des elterlichen Sorgerechts und der rechtlichen Gleichstellung von ehelichen und nichtehelichen Kindern. Außerdem wurden durch insgesamt vier Kindschaftsrechtsreformgesetze auch das Abstammungs-, das Namens-, das Umgangs-, das Adoptionsrecht sowie das einschlägige Verfahrensrecht neu geordnet und die frühere gesetzliche Amtspflegschaft wurde durch die neue Beistandschaft abgelöst. Das Unterhaltsrecht wurde mit Wirkung vom 01.01.2008 grundlegend novelliert. Mit Wirkung vom 01.09.2009 sind das Gesetz über das Verfahren in Familiensachen und in den Angelegenheiten der freiwilligen Gerichtsbarkeit sowie das Versorgungsausgleichsgesetz in Kraft getreten, mit Wirkung vom 19.05.2013 das Gesetz zur Reform der elterlichen Sorge nicht miteinander verheirateter Eltern.

Tab. 3: Die wichtigsten Altersstufen im Recht

Alter	Rechtsposition
Vollendung der Geburt	Rechtsfähigkeit § 1
Vollendung des 7. Lebensjahres	beschränkte Geschäftsfähigkeit (§§ 106 bis 113), beschränkte Deliktsfähigkeit (§ 828 Abs. 2)
Vollendung des 14. Lebensjahres	volle Religionsmündigkeit nach dem RKEG, beschränkte Strafmündigkeit (§§ 1, 3 JGG), Anhörungsrechte (§ 159 FamFG), Zustimmung zur Übertragung der elterlichen Sorge (§ 1671 1 Satz 2 Nr. 1 sowie Abs. 2 Satz 2 Nr. 1), Einwilligung in die Adoption (§ 1746)

Alter	Rechtsposition
Vollendung des 15. Lebensjahres	Antragsrechte im Sozialrecht (§ 36 SGB I)
Vollendung des 16. Lebensjahres	beschränkte Testierfähigkeit (§ 2229 Abs. 1)
Vollendung des 18. Lebensjahres	Volljährigkeit § 2
Vollendung des 25. (21.) Lebensjahres (siehe Kapitel 10.1.1)	Adoptionsfähigkeit (§ 1743)

1.3.3 Weitere zivilrechtliche Gesetze des Familienrechts

Das Lebenspartnerschaftsgesetz (LPartG) aus dem Jahre 2001, das weit gehend dem Eherecht nachgebildet ist, eröffnet die Möglichkeit der Begründung von Eingetragenen Lebenspartnerschaften von gleichgeschlechtlichen Partnern und enthält weitere Rechtsvorschriften dafür (siehe Kapitel 14).

Das Gesetz über die religiöse Kindererziehung (RKEG) aus dem Jahre 1922 enthält Regelungen über die Teil- und Vollmündigkeit von Kindern in religiösen Angelegenheiten.

Das Versorgungsausgleichsgesetz aus dem Jahre 2009 regelt die Aufteilung von in der Ehezeit erworbenen Versorgungsanrechten zwischen den (geschiedenen) Ehegatten.

Das Betreuungsbehördengesetz (BtBG) aus dem Jahre 1992 regelt Aufgaben von Behörden im Zusammenhang mit der Rechtlichen Betreuung von Volljährigen (siehe Kapitel 13).

Im Gerichtsverfassungsgesetz (GVG) wird allgemein geregelt, welche (Straf- und) Zivilgerichte für welche Angelegenheiten zuständig sind. Für familienrechtliche Angelegenheiten des Zivilrechts gilt nach dem GVG im Einzelnen Folgendes:

• Aufgaben des Familiengerichts (in 2. und 3. Instanz des Familiensenats des OLG bzw. des BGH):
  1. Ehesachen, Ehescheidung (siehe Kapitel 2 und 3)
  2. Abstammung (siehe Kapitel 4)

3. Elterliche Sorge / Kindschaftssachen (siehe Kapitel 7 bis 10)
4. Unterhalt (siehe Kapitel 3, 5 und 6)
5. Annahme als Kind / Adoption (siehe Kapitel 11)
6. Vormundschaft und Pflegschaft (siehe Kapitel 12)
7. Angelegenheiten im Zusammenhang mit Eingetragenen Lebenspartnerschaften (siehe Kapitel 14)
• Aufgabe des Betreuungsgerichts:
   Rechtliche Betreuung (siehe Kapitel 13)

Die Zivilprozessordnung (ZPO) stellt die für Zivilprozesse zumeist maßgebliche Verfahrensordnung dar. Für die meisten Angelegenheiten des Familienrechts, insbesondere für Kindschaftssachen, gelten jedoch die Vorschriften des Gesetzes über das Verfahren in Familiensachen und in den Angelegenheiten der freiwilligen Gerichtsbarkeit (FamFG).

Das Personenstandsgesetz (PStG) enthält Regelungen über das Verfahren des Standesamtes und über das Führen von Heirats-, Geburten- und Sterberegistern und anderes.

1.3.4 Öffentlich-rechtliche Gesetze des Familienrechts

Das wichtigste materiell-rechtliche Gesetz des öffentlichen Familienrechts ist das bereits wiederholt genannte Achte Buch Sozialgesetzbuch – SGB VIII (Kinder- und Jugendhilfe) aus den Jahren 1990 / 1991 – mit zahlreichen späteren Änderungen, auf das im Rahmen dieser Darstellung immer wieder Bezug genommen wird. Außerdem gilt das Adoptionsvermittlungsgesetz (AdVermiG).

Vertiefung: Ergänzt wird das SGB VIII durch die allgemeinen Vorschriften im SGB I (Sozialgesetzbuch Allgemeiner Teil) und im SGB X (Sozialverwaltungsverfahren und Sozialdatenschutz). Für verwaltungsgerichtliche Streitverfahren nach dem SGB VIII gilt die Verwaltungsgerichtsordnung (VwGO), in der auch das Widerspruchsverfahren geregelt ist (§§ 68 ff. VwGO). Mit Blick auf andere öffentlich-rechtliche Gesetze des Sozialrechts ist jedoch zumeist das Sozialgerichtsgesetz (SGG) das maßgebliche Prozessgesetz für Streitverfahren vor den Sozialgerichten.

Das Bundeskindergeldgesetz (BKGG) regelt die Voraussetzungen für die Gewährung von Kindergeld, das Bundeselterngeld- und Elternzeitgesetz (BEEG) von Elterngeld und Elternzeit. Das Einkommensteuergesetz (EStG) regelt u. a. die Gewährung von Steuervorteilen für Ehegatten (Steuerklassenwahl, Zusammenveranlagung, so genanntes Ehegattensplitting) und von Kinder-, Erziehungs- und Ausbildungsfreibeträgen sowie (ebenfalls) von Kindergeld.

Das Bundesausbildungsförderungsgesetz (BAföG) regelt die Voraussetzungen der Gewährung von Ausbildungsförderung für Auszubildende und Studenten. Nach dem Unterhaltsvorschussgesetz (UVG) können bei Vorliegen der dort statuierten Voraussetzungen Unterhaltsvorschussleistungen gewährt werden, wenn Unterhaltspflichtige nicht oder nicht in vollem Umfange ihren Unterhaltszahlungsverpflichtungen nachkommen.

Schließlich gibt es ebenfalls dem öffentlichen Recht zuzuordnende internationale Verträge und Abkommen auf dem Gebiet des Familienrechts, z. B. das Haager Minderjährigenschutzabkommen, mehrere internationale Abkommen in den Bereichen Adoption und Kindesentführung und nicht zuletzt die UN-Kinderrechtskonvention (UN-KRK) aus dem Jahre 1989, die in Deutschland seit 1992 gilt und einen wichtigen Maßstab für die Auslegung und Fortentwicklung des deutschen Familienrechts darstellt.

 Literatur

Lehrbücher des Familienrechts (siehe Literaturverzeichnis)

2 Verlöbnis und Ehe

Der erste der drei Abschnitte des Buches 4. BGB Familienrecht mit der Überschrift „Bürgerliche Ehe" umfasst mit ca. 300 Paragraphen fast 50% der ca. 600 Vorschriften des gesamten Buches 4., von denen wiederum weit mehr als die Hälfte dem ehelichen Güterrecht und insbesondere dem Vertragsgüterrecht gewidmet sind. Da der zuletzt genannte Themenbereich für die Soziale Arbeit nicht von sehr großer Bedeutung ist, wird darauf nur stichwortartig eingegangen.

2.1 Verlöbnis

Das Verlöbnis ist ein formfreier familienrechtlicher Vertrag mit dem Inhalt des gegenseitigen Heiratsversprechens. War das Verlöbnis früher regelmäßiges „Vorstadium der Ehe", so hat es in den letzten Jahren an Bedeutung verloren.

Vertiefung: Dementsprechend hat das Verlöbnis nur noch wenige rechtliche Konsequenzen, und insbesondere kann gemäß § 1297 Abs. 1 aufgrund eines Verlöbnisses nicht mehr auf Eingehung der Ehe geklagt werden, wie dies z. B. im 19. Jahrhundert nach dem Preußischen Allgemeinen Landrecht noch möglich war. Von rechtlicher Bedeutung sind heute nur die in Übersicht 4 genannten Punkte.

Das Verlöbnis (= familienrechtlicher Vertrag)

Übersicht 4

Rechtliche Konsequenzen:
1. (ggf.) Ersatzpflichten bei Rücktritt (§§ 1298, 1299), z. B. bei Aufwendungen für Hochzeit oder Haushalt
2. (ggf.) Herausgabe von Geschenken (§ 1301)
3. Verlobte sind „Angehörige" i. S. v. § 11 Abs. 1 Nr. 1a StGB

4. Zeugnisverweigerungsrechte von Verlobten im Straf- und Zivilprozess
(§ 52 Abs. 1 Nr. 1 StPO, § 383 Abs. 1 Nr. 1 ZPO)

2.2   Eheschließung

Wesentlich folgenreicher in persönlicher wie juristischer Hinsicht als das Verlöbnis ist die Ehe – und dementsprechend umfangreicher und komplizierter sind die rechtlichen Regelungen betreffend Eheschließung, Ehewirkungen und Ehescheidung. Das BGB enthält lediglich Rechtsvorschriften über die „weltliche" Ehe, es erkennt allerdings in § 1588 an, dass es daneben auch kirchenrechtliches Eherecht gibt, dessen (ggf. weitergehende) Verpflichtungen „durch die Vorschriften dieses Abschnittes nicht berührt werden."

Auch die Eheschließung stellt einen familienrechtlichen Vertrag zwischen den Ehegatten dar, der unter den in Übersicht 5 aufgelisteten Voraussetzungen geschlossen werden kann.

Voraussetzungen für eine Eheschließung

Übersicht 5

1. Absolut unverzichtbar:
Erklärungen eines Mannes und einer Frau vor dem zuständigen Standesbeamten, miteinander die Ehe eingehen zu wollen (§ 1310 Abs. 1 Satz 1). (Bei Verstößen dagegen liegt eine „Nicht-Ehe" vor!)

2. Kein Verstoß gegen
– § 1303 (Mindestalter: 18/16 Jahre)
– § 1304 (Geschäftsunfähigkeit)
– § 1306 (keine bereits bestehende Ehe oder eingetragene Lebenspartnerschaft nach dem LPartG)
– § 1307 (enge Verwandtschaft)
– § 1308 (Adoption)
– § 1311 (persönliche Anwesenheit)
– § 1314 Abs. 2 Nr. 1 bis 5
– (Bei Verstößen: ggf. Aufhebung der Ehe nach §§ 1313 ff.)

3. Weitere Verfahrensvorschriften insb. nach dem PStG
(Bei Verstößen: rechtswirksame, unaufhebbare Ehe)

Die rechtlichen Erfordernisse für die Eheschließung haben unterschiedlichen Rang, so dass auch die rechtlichen Konsequenzen im Falle eines Verstoßes gegen die jeweils einschlägigen Vorschriften sehr unterschiedlich sind.

2.2.1 Unverzichtbare Voraussetzungen nach § 1310 Abs. 1

Gemäß § 1310 Abs. 1 wird die Ehe ausschließlich dadurch geschlossen, dass „die Eheschließenden vor dem Standesbeamten erklären, die Ehe miteinander eingehen zu wollen." Unverzichtbar sind also diese vor dem zuständigen Standesbeamten abgegebenen Willenserklärungen eines Mannes und einer Frau. Mangelt es daran, liegt keine Ehe vor, sondern es handelt sich um eine Nicht-Ehe ohne Ehewirkungen.

2.2.2 Ehefähigkeit und Eheverbote

Sodann beinhaltet das BGB in den §§ 1303 ff. Rechtsvorschriften, die der Standesbeamte zu beachten hat. Sollte hier jedoch ein „Fehler" passieren, ist dennoch eine Ehe rechtswirksam zustande gekommen, die jedoch auf Antrag (vgl. § 1316, 1317) gemäß § 1313 durch richterliche Entscheidung (des Familiengerichts) aufgehoben werden „kann" (nicht: muss!). Insoweit besteht hier also, rechtlich gesehen, ein wesentlicher Unterschied zum Falle eines Verstoßes gegen § 1310 Abs. 1.

Juristisch gesehen handelt es sich bei den §§ 1303 ff. teils um persönliche Ehevoraussetzungen (§§ 1304, 1303), teils um Eheverbote (§§ 1306 bis 1308). Persönliche Voraussetzung ist zum einen die Geschäftsfähigkeit (§ 1304), die nicht gegeben ist im Falle des § 104 Nr. 2 („nicht nur vorübergehender Zustand krankhafter Störung der Geistestätigkeit..."). Zum anderen „soll" die Ehe gemäß § 1303 Abs. 1 nicht vor Eintritt der Volljährigkeit eingegangen werden. Ausnahmsweise kann jedoch das Familiengericht gemäß § 1303 Abs. 2 auf Antrag einer/s mindestens 16 Jahre alten Minderjährigen mit Zustimmung des gesetzlichen Vertreters von dieser Vorschrift Befreiung erteilen, wenn der künftige Ehegatte volljährig ist. Diese kann sogar dann erteilt werden, wenn der gesetzliche Vertreter aus „nicht triftigen Gründen" dem widersprochen hat (§ 1303 Abs. 3).

Anders als in früheren Jahrzehnten, als ganzen Bevölkerungsgruppen die Eheschließung verboten war, kennt das BGB heute nur noch einige wenige Eheverbote, insbesondere für den Fall der „Doppelehe" bei bereits bestehender anderer Ehe oder eingetragener Lebenspartnerschaft nach dem Lebenspartnerschaftsgesetz (§ 1306) und der sehr engen Verwandtschaft (§ 1307). Die Ehe ist in Deutschland danach nur noch zwischen „Blutsverwandten" in gerader Linie (vgl. § 1589 Satz 1) verboten, also im Verhältnis Großeltern – Eltern – Kinder etc., und zwischen Geschwistern, die zumindest einen Elternteil gemeinsam haben, auch wenn das Geschwisterverhältnis durch Annahme als Kind (eines anderen) erloschen ist. Auch Vettern und Kusinen dürfen heiraten. Schließlich „soll" gemäß § 1308 auch keine Ehe zwischen Personen geschlossen werden, deren juristische Verwandtschaft auf einer Annahme als Kind (Adoption) beruht. Wird allerdings gegen diese Vorschrift verstoßen, ist die (ohnehin) gültige Ehe nicht mehr aufhebbar (vgl. § 1314 Abs. 1, in dem § 1308 nicht genannt wird!).

Schließlich kann eine Ehe aufgehoben werden bei Verstößen gegen § 1311 oder in einem der Fälle des § 1314 Abs. 2, z. B. der so genannten „Scheinehe" (§ 1314 Abs. 2 Nr. 5), wenn überhaupt keine eheliche Gemeinschaft begründet werden soll.

2.2.3   Weitere Verfahrensvorschriften

Darüber hinaus gibt es weitere Verfahrensvorschriften insbesondere des Personenstandsgesetzes für die Eheschließung, deren eventuelle Nicht-Einhaltung die rechtliche Gültigkeit der Ehe jedoch nicht berührt (§§ 11 ff. PStG).

2.3   Ehewirkungen

Die Eheschließung hat vielfältige rechtliche Konsequenzen (siehe dazu Übersicht 6) für die Eheleute – sowohl im Zivilrecht (vgl. insbesondere § 1353 ff.) als auch im öffentlichen Recht, dort u. a. mit Vergünstigungen im Sozialrecht und im Steuerrecht.

Ehewirkungen   *Übersicht 6*

1. Eheliche Lebensgemeinschaft
1.1 Leben in Gemeinschaft (§ 1353 Abs. 1 Satz 2)
1.2 Sorge um die gemeinsamen Angelegenheiten (§ 1353)
1.3 Gemeinsame Nutzung von Wohnung und Hausrat

1.4 Gegenseitiger Beistand (vgl. § 1353)
1.5 Gegenseitige Rücksichtnahme (vgl. § 1353)
1.6 Gleichberechtigte Partnerschaft (vgl. § 1356)

2. Ehename (§ 1355)

3. Unterhalt (§ 1360)

4. Eigentumsvermutungen (§ 1362)

5. Eheliches Güterrecht (§§ 1363 ff.)

6. Erbrecht (§§ 1371, 1922 ff.)

7. Zeugnisverweigerungsrechte

8. Vergünstigungen im Sozialrecht

9. Vorteile im Steuerrecht

2.3.1   Eheliche Lebensgemeinschaft

Gemäß § 1353 Abs. 1 Satz 1 wird die Ehe zwischen einem Mann und einer Frau auf Lebenszeit geschlossen – auch wenn mittlerweile in Deutschland mehr als jede dritte Ehe geschieden wird. Auch eine kinderlose Ehe ist eine juristisch vollwertige Ehe.

Zentrale rechtliche Konsequenz der Eheschließung ist gemäß § 1353 Abs. 1 Satz 2, dass die Ehegatten „einander zu ehelicher Lebensgemeinschaft verpflichtet" sind und füreinander Verantwortung tragen. Dabei handelt es sich um unbestimmte Rechtsbegriffe, die oft schwer mit konkretem juristischem Inhalt zu füllen sind. Manche Verpflichtungen sind zudem zumindest nicht prozessual durchsetzbar. Nach der Rechtsprechung und der juristischen Literatur umfasst der Begriff der „ehelichen Lebensgemeinschaft" insbesondere Folgendes:

- Leben in Gemeinschaft. Dies bedeutet – von Missbrauchsfällen abgesehen (vgl. § 1353 Abs. 2) – regelmäßig Zusammenleben, aber nicht zwingend ständiges Zusammensein z. B. an einem Wohnsitz, wie dies bei Fernbeziehungen ohnehin nicht möglich wäre. Als juristisch zum Wesen der Ehe gehörend angesehen werden nach wie vor die Pflicht zur Wahrung der ehelichen Treue und – je nach Alter und Gesundheit – zur Geschlechtsgemeinschaft.

- Sorge um die gemeinsamen Angelegenheiten (vgl. BGH JZ 1960, 371). Dabei geht es – je nach Absprache zwischen den Eheleuten – z. B. um Haushaltsführung, Kinderbetreuung, Freizeitplanung, Vermögensdisposition.
- Gemeinsame Nutzung der Ehewohnung und Mitbenutzung der den Ehegatten gehörenden Hausratsgegenstände (vgl. BGHZ 71, 216).
- Beistand (auch) in persönlichen Angelegenheiten, soweit zumutbar, bis hin etwa auch zur Verpflichtung zur Verhinderung von strafbaren Handlungen in der Ehewohnung (BGH NJW 1954, 1818) oder des Selbstmordes des Ehepartners oder zur Verpflichtung, in steuerlichen Angelegenheiten im Sinne der jeweils günstigsten Lösung (z. B. bei der Steuerklassenwahl) zusammenzuarbeiten (BGH FamRZ 1977, 38).
- Gegenseitige Rücksichtnahme in persönlichen, beruflichen aber auch finanziellen Angelegenheiten – dabei muss das Recht auf Wahrung der eigenen Persönlichkeits- und Intimsphäre gewahrt bleiben (BGH FamRZ 1990, 846).
- Gleichberechtigte Partnerschaft. Spätestens seit Bestehen des Grundgesetzes 1949 (vgl. Art. 3 Abs. 1 und 2 GG) ist das Führen einer gleichberechtigten Partnerschaft zwischen Mann und Frau juristische Selbstverständlichkeit. Aber die Realität sah noch jahrzehntelang anders aus, und das Leitbild der gleichberechtigten Partnerschaft hat sich erst allmählich auch tatsächlich durchgesetzt.

2.3.2   Ehename

Welche Möglichkeiten ein Paar bei der Wahl des Ehenamens hat, zeigt die Übersicht 7.

Mögliche Alternativen der Namensgestaltung (§ 1355)

Übersicht 7

am Beispiel von Frau Schulz und Herrn Schmidt

1.	Schulz, Schulz	Ehename (§ 1355 Abs. 1 Satz 1, Abs. 2)
2.	Schmidt, Schmidt	Ehename (§ 1355 Abs. 1 Satz 1, Abs. 2)
3.	Schulz, Schmidt	kein Ehename (§ 1355 Abs. 1 Satz 3)

4. Falls Ehename Schulz (§ 1355 Abs. 4 Satz 1)
- a) Frau Schulz, Herr Schmidt-Schulz
- b) Frau Schulz, Herr Schulz-Schmidt

5. Falls Ehename Schmidt (§ 1355 Abs. 4 Satz 1)
- a) Frau Schulz-Schmidt, Herr Schmidt
- b) Frau Schmidt-Schulz, Herr Schmidt

Weitere Alternativen bei:
- Abweichen des Namens vom Geburtsnamen (vgl. § 1355 Abs. 4 Sätze 2 und 3)
- Tod eines Ehegatten oder Scheidung (§ 1355 Abs. 5)

Seit 1994 müssen Eheleute keinen Ehenamen mehr bestimmen, auch wenn sie dies weiterhin tun „sollen" (vgl. § 1355 Abs. 1 Satz 1). Haben sie einen Ehenamen bestimmt, gibt es nunmehr eine Fülle von Kombinationsmöglichkeiten (siehe Übersicht 7). Die Wahl desselben (!), aus den Geburtsnamen von Mann und Frau gebildeten Doppelnamens für beide Ehepartner ist jedoch nicht möglich. Seit 2005 dürfen auch Geschiedene, die wieder heiraten, den angeheirateten Nachnamen des Ex-Ehepartners zum gemeinsamen Ehenamen in einer neuen Ehe bestimmen.

2.3.3   Unterhaltspflichten

Gemäß § 1360 sind die Ehegatten verpflichtet, einander Unterhalt zu gewähren (Ehegattenunterhalt), und zwar durch Arbeit, Verwertung von Vermögen oder Führen des Haushalts, und ohne dass sie sich – wie bei anderen Unterhaltsarten – Geldbeträge zukommen lassen müssen. Deshalb spricht man hier auch von „Naturalunterhalt".

Wie dies im Einzelfall konkret geschieht, wer welche Aufgaben übernimmt, obliegt der partnerschaftlichen Absprache der Eheleute (vgl. § 1356). Weitere Einzelheiten sind in § 1360a geregelt. Gemäß § 1357 Abs. 1 ist jeder Ehegatte berechtigt, Geschäfte zur angemessenen Deckung des Lebensbedarfs der Familie mit Wirkung auch für den anderen Ehegatten zu besorgen. Durch solche Geschäfte werden beide Ehegatten berechtigt und verpflichtet, es sei denn, dass sich aus den Umständen etwas anderes ergibt.

2.3.4   Eigentumsvermutung

§ 1362 enthält eine für die Soziale Arbeit nicht zentrale Bestimmung zu Gunsten von Gläubigern.

2.3.5   Eheliches Güterrecht

Die folgende Übersicht 8 zeigt die drei Möglichkeiten der Gestaltung des Güterrechts.

Eheliches Güterrecht

Übersicht 8

Es bestehen drei Möglichkeiten der Gestaltung:

1. **Gütertrennung** durch notariellen Ehevertrag (§ 1414)

2. **Gütergemeinschaft** durch notariellen Ehevertrag (§§ 1415 ff.)

3. **Zugewinngemeinschaft** als gesetzlich vorgesehener Regelfall, wenn kein Ehevertrag geschlossen wurde (§§ 1363 ff.); dabei:

   – zunächst: Gütertrennung;
   – bei Beendigung des Güterstandes: Zugewinnausgleich

Das umfangreichste Thema des gesamten Familienrechts des BGB ist das eheliche Güterrecht, insbesondere das Vertragsgüterrecht, mit fast 200 Paragraphen (§§ 1373 bis 1563). Eheleute können durch notariellen Vertrag nach § 1410 entweder Gütertrennung nach § 1414 oder Gütergemeinschaft nach § 1415 vereinbaren (zur Wirksamkeit und Inhaltskontrolle von Eheverträgen vgl. allerdings BGH FamRZ 2004, 930 sowie FuR 2008, 208). Tun sie dies, wie die meisten Ehepartner, nicht, leben sie gemäß § 1363 Abs. 1 im gesetzlichen Güterstand der so genannten „Zugewinngemeinschaft".

Bei Letzterem sind in zeitlicher Hinsicht zwei Phasen zu unterscheiden. Zunächst (und überwiegend auf Dauer) besteht Gütertrennung, d. h. die Vermögensgegenstände bleiben weiterhin jeweils im Eigentum von Mann und Frau. (Nur) im Falle der Ehescheidung (§§ 1564 ff.) bzw. ggf. auch bereits nach 3-jährigem Getrenntleben (§§ 1385 f.) erfolgt der so genannte Zugewinnausgleich auf der Grundlage dessen, was die Eheleute während der Ehezeit erworben haben („Zugewinn").

„Zugewinn" ist der Betrag, um den das Endvermögen eines Ehegatten dessen Anfangsvermögen übersteigt (§ 1373 Abs. 1). Dabei wird zunächst das Anfangsvermögen jedes Ehegatten ermittelt (§§ 1374 Abs. 1, 1376, 1377), wobei diesem Anfangsvermögen auch während der Ehezeit ererbtes oder geschenktes Vermögen zugerechnet wird (§ 1374 Abs. 2), so dass dieses im Ergebnis auch weiterhin demjenigen Ehegatten in vollem Umfange verbleibt, der es geerbt oder geschenkt bekommen hat. Ggf. sind bei der Ermittlung des Anfangsvermögens allerdings gemäß § 1374 Abs. 3 Verbindlichkeiten über die Höhe des Vermögens hinaus abzuziehen. Sodann wird das Endvermögen jedes Ehegatten ermittelt (§§ 1375 Abs. 1, 1376), dem ggf. auch „verschobene" Vermögenswerte etc. zugerechnet werden (§ 1375 Abs. 2). Im nächsten Schritt wird bei jedem Ehegatten „saldiert" (Endvermögen minus Anfangsvermögen). Das Ergebnis ist der „Zugewinn" jedes Ehegatten. Übersteigt der Zugewinn des einen Ehegatten den Zugewinn des anderen, so steht gemäß § 1378 Abs. 1 die Hälfte des Überschusses dem anderen Ehegatten als Ausgleichsforderung zu.

Fall 1: Beispiel für einen Scheidungsfall

	Ehemann	Ehefrau
Anfangsvermögen	0 €	100.000 €
Endvermögen	50.000 €	300.000 €
Zugewinn	50.000 €	200.000 €
Differenz	150.000 €	

Im Ergebnis steht mithin dem Ehemann ein Differenzbetrag in Höhe von 75.000 (die Hälfte von 150.000) als Ausgleichsforderung gegenüber der Ehefrau zu.

2.3.6   Erbrecht (Buch 5. BGB)

Das Erbrecht baut weit gehend auf familienrechtlichen Grundsätzen und Zusammenhängen auf und privilegiert z. B. im Todesfall den überlebenden Ehegatten (vgl. §§ 1371, 1931 ff.). Außerdem gibt es auf Ehegatten zugeschnittene besondere Regelungen wie z. B. über gemeinschaftliche Testamente (§§ 2265 ff.).

2.3.7 Prozessrecht

Ehegatten haben Zeugnisverweigerungsrechte im Zivil- und im Strafprozess (§ 383 Abs. 1 Nr. 2 ZPO, § 52 Abs. 1 Nr. 2 StPO).

2.3.8 Sozialrecht

Es gibt eine Reihe privilegierender Vorschriften für Eheleute, z. B. in der Kranken- und Pflegeversicherung (beitragsfreie Mitversicherung von Ehegatten unter bestimmten Voraussetzungen).

2.3.9 Steuerrecht

Die wichtigste Privilegierung von Eheleuten im Steuerrecht erfolgt über das so genannte Ehegattensplitting bei Zusammenveranlagung, wobei der Splitting-Vorteil besonders groß ist, wenn ein Ehepartner über kein oder nur ein geringes Einkommen und der andere über ein sehr großes Einkommen verfügt.

📖 **Literatur**

Bergschneider, L. (2011): Verträge in Familiensachen. 4. Aufl.

Haußleiter, O., Schulz, W. (2011): Vermögensauseinandersetzung bei Trennung und Scheidung. 5. Aufl.

Johannsen, K., Henrich, D. (Hrsg.) (2010): Eherecht. 5. Aufl.

Langenfeld, G. (2011): Handbuch der Eheverträge und Scheidungsvereinbarungen. 6. Aufl.

Fall 2: Eheschließung und Ehewirkungen

1. Die beiden volljährigen Verlobten A und B aus Gelsenkirchen befinden sich im Urlaub im Bayerischen Wald und genießen auf dem Großen Arber den Blick über die herrliche Landschaft. In der Berggastwirtschaft sprechen sie über ihre geplante Heirat. Am Nachbartisch hört dies ein ebenfalls im Urlaub befindlicher Standesbeamter aus München. Dieser „bietet" an, doch gleich an Ort und Stelle zu heiraten. So geschieht es: A und B erklären „vor dem Standesbeamten, die Ehe miteinander eingehen zu wollen" (vgl. § 1310 Abs. 1 Satz 1). Ist die Ehe rechtswirksam zustande gekommen?

2. Gesetzt den Fall, dies hätte sich im Standesamt von Gelsenkirchen zugetragen – mit dem weiteren Unterschied, dass der dortige Standesbeamte übersehen hätte, dass B in diesem Fall erst 17 Jahre alt wäre. Was jetzt?

3. Gesetzt den Fall, die volljährigen A und B sind „ordnungsgemäß" verheiratet. A verlangt nunmehr aber, dass B ihren Beruf aufgibt und nur noch ihn „umsorgt". Wie ist in diesem Fall die Rechtslage?

4. Nach einigen Jahren Ehe verstehen sich A und B nicht mehr. A möchte nun, dass seine neue Freundin F in die Ehewohnung einzieht und mit ihm im Schlafzimmer schläft. A meint, B könne im Wohnzimmer bleiben. Muss B dies akzeptieren?

3 Getrenntleben und Ehescheidung

Die Ehescheidung ist juristisch gesehen ein Unterfall der Trennung. Andererseits setzt die Scheidung in der Regel Getrenntleben voraus, so dass zunächst auf Letzteres eingegangen wird.

3.1 Getrenntleben

Getrenntleben von Eheleuten stellt zumeist einen Schwebezustand zwischen „normaler" und geschiedener Ehe dar. Der Tatbestand des Getrenntlebens ist in § 1567 – als Voraussetzung der Scheidung – definiert. Er enthält objektive und subjektive Merkmale, die beide erfüllt sein müssen. Objektiv darf gemäß § 1567 Abs. 1 Satz 1 keine häusliche Gemeinschaft mehr bestehen. Dies reicht aber alleine noch nicht aus, denn es gibt zahlreiche Eheleute, die – aus welchen Gründen auch immer – räumlich voneinander entfernt leben. Hinzukommen muss nämlich des Weiteren (subjektives Merkmal), dass ein Ehegatte die häusliche Gemeinschaft erkennbar nicht (mehr) herstellen will, weil er die eheliche Lebensgemeinschaft ablehnt.

Getrenntleben ist gemäß § 1567 Abs. 1 Satz 2 auch innerhalb der ehelichen Wohnung möglich, gelegentlich aber schwer feststellbar. Erforderlich dafür ist nach der Rechtsprechung (vgl. BGH FamRZ 1978, 671; 1979, 469) z.B., dass kein gemeinsamer Haushalt geführt wird, eine „Trennung von Tisch und Bett" erfolgt ist und dass ein gelegentliches Zusammentreffen der Ehegatten rein räumliches Nebeneinander darstellt. Die Sorge für gemeinsame Kinder schließt ein Getrenntleben nicht aus.

Um eventuelle Versöhnungsversuche der (Noch-) Eheleute zu erleichtern, unterbricht gemäß § 1567 Abs. 2 ein Zusammenleben über kürzere Zeit die Ein- und Dreijahresfristen für die Scheidung nach § 1566 nicht (siehe dazu 3.2).

Nicht erst eine eventuelle Scheidung, sondern bereits ein Getrenntleben nach § 1567 hat erhebliche rechtliche Konsequenzen, wie in der Übersicht 9 dargestellt ist.

Rechtliche Konsequenzen des Getrenntlebens (§ 1567)

Übersicht 9

1. Trennungsunterhalt (§ 1361)
2. Verteilung Hausrat (§ 1361a)
3. Ehewohnung (Nutzung) (§ 1361b)
4. ggf. vorzeitiger Zugewinnausgleich (§ 1385)
5. ggf. Konsequenzen für das Sorgerecht (Kinder)
6. Steuerrechtliche Konsequenzen (ggf. Verlust von Splittingvorteilen)

Getrenntleben von Ehegatten hat eine grundlegende unterhaltsrechtliche Konsequenz: Die bisherige Verpflichtung nach § 1360, einander und die Familie nach näherer Vereinbarung der Eheleute durch Arbeit und aus einem eventuellen Vermögen zu unterhalten sowie ggf. den Haushalt zu führen („Naturalunterhalt"), wandelt sich gemäß § 1361 in einen Anspruch des einen Ehegatten gegen den anderen entsprechend dessen Lebensbedarfs um, wobei der laufende Unterhalt gemäß § 1361 Abs. 4 nunmehr durch Zahlung einer monatlichen Geldrente zu leisten ist.

Für die bisher gemeinsam genutzten Hausratsgegenstände sieht § 1361a ein Verteilungsverfahren vor, und § 1361b regelt Modalitäten der Nutzung der Ehewohnung (durch einen Ehepartner, durch beide oder bei Härtefällen durch Zahlung von Nutzungsvergütungen). Bei Streitfällen entscheiden ggf. die Familiengerichte über Fragen nach den §§ 1361a, b.

Bereits nach drei Jahren Getrenntlebens (also nicht nur im Fall der Scheidung!) kann jeder Ehegatte gemäß § 1385 auf vorzeitigen Zugewinnausgleich klagen (vgl. Kapitel 2.3.5). Automatische sorgerechtliche Konsequenzen hat das Getrenntleben nicht (vgl. § 1671 Abs. 1; siehe dazu auch Kapitel 9). Allerdings verlieren Eheleute – außer im Kalenderjahr des Beginns des Getrenntlebens – die ihnen eingeräumten Steuervorteile, insbesondere die Splitting-Vorteile und das Recht zur Wahl von Steuerklassen.

3.2   Scheidung

Die Ehescheidung erfolgt – wie die Eheschließung – durch den Staat, allerdings nicht durch den Standesbeamten, sondern gemäß § 1564 auf Antrag eines oder beider Ehegatten durch richterliche Entscheidung (des Familiengerichts). Die Scheidung hat zahlreiche rechtliche Konsequenzen, hauptsächlich gleichsam „spiegelbildlich" zu den Ehewirkungen (siehe 2.3), z. B. mit Blick auf Unterhalt, Hausrat, Vermögen, Versorgungsanwartschaften, allerdings nicht mehr „automatisch" mit Blick auf das Sorgerecht für Kinder (vgl. dazu Kapitel 9). Seit 1977 – vorher galt das Verschuldensprinzip – gibt es nur noch einen einzigen Scheidungsgrund: das Scheitern der Ehe („Zerrüttung") gemäß § 1565. Die Ehe ist gescheitert, wenn eine der in Übersicht 10 genannten drei gesetzlichen Alternativen gegeben ist.

Ehescheidung durch richterliche Entscheidung (§ 1564)

Übersicht 10

Im Falle des Scheiterns der Ehe („Zerrüttung") gemäß § 1565 Abs. 1 Satz 1 kann eine Ehe geschieden werden, weil:

1. die Lebensgemeinschaft nicht mehr besteht und die Wiederherstellung nicht mehr erwartet werden kann (§ 1565 Abs. 1 Satz 2) sowie in der Regel ein Jahr Getrenntleben (vgl. § 1565 Abs. 2). In diesem Fall ist eine Prüfung durch das Familiengericht nötig;
2. ein Paar ein Jahr getrennt lebt und der andere Ehegatte einverstanden ist (§ 1566 Abs. 1). (= unwiderlegbare Vermutung);
3. ein Paar drei Jahre getrennt lebt (§ 1566 Abs. 2). (= unwiderlegbare Vermutung).

Ausnahme: besondere Härte § 1568

Der Grundtatbestand ist der des § 1565 Abs. 1 Satz 2 i. V. m. Satz 1. Dem Familiengericht obliegt dabei eine materielle Zerrüttungsprüfung. Das Gericht muss z. B. durch Befragen der Parteien, ggf. durch Vernehmung von Zeugen, den Zustand der Ehe analysieren, eventuelle Versöhnungschancen prognostizieren und sodann zu der Überzeugung gelangen und dies ausdrücklich feststellen, dass die Ehe unheilbar zerrüttet und damit gescheitert ist, weil „die Lebensgemeinschaft der Ehegatten nicht mehr besteht und nicht erwartet werden kann, dass die Ehegatten sie wieder herstellen." Dies setzt ggf. ein Nachforschen auch von Eheinterna voraus.

Um dies in möglichst vielen Fällen zu vermeiden, wird der Grundtatbestand des § 1565 Abs. 1 Satz 2 um die weiteren Tatbestände des § 1566 Abs. 1 (einvernehmliche Scheidung bei einem Jahr Getrenntleben) und Abs. 2 (drei Jahre Getrenntleben, wenn es zu keiner einvernehmlichen Scheidung kommt) ergänzt, die jeweils für das Familiengericht unwiderlegbare Vermutungen für das Scheitern der Ehe beinhalten. Der Grundtatbestand des § 1565 Abs. 1 Satz 2 bleibt aber wichtig u. a. für folgende Fallgestaltungen:

- Scheidung bei Getrenntleben von weniger als einem Jahr (§ 1565 Abs. 2), die aber nur ganz ausnahmsweise bei „unzumutbarer Härte", z. B. bei wiederholten tätlichen Angriffen gegen die/den Scheidungswilligen, möglich ist und
- nicht einvernehmliche Scheidung bei Getrenntleben von mehr als einem Jahr, jedoch weniger als drei Jahren.

Auch wenn die Ehe gescheitert ist, soll sie dennoch nicht geschieden werden, wenn einer der Ausnahmetatbestände des § 1568 Platz greift, die gleichsam für den Fall der „Scheidung zur Unzeit" vorgesehen sind. Sehr eng gefasste Gründe für eine solche Ausnahme können mit Blick auf gemeinsame minderjährige Kinder (erste Alternative) oder den nicht scheidungswilligen Ehegatten (zweite Alternative) vorliegen, die von den Familiengerichten jedoch nur selten akzeptiert werden.

3.3   Scheidungsfolgen

Eine Ehescheidung hat tief greifende rechtliche Konsequenzen, nicht nur mit Blick auf die erheblichen Gerichts-, Rechtsanwalts- und ggf. Notariatsgebühren. Die rechtlichen Scheidungsfolgen sind in der Übersicht 11 aufgeführt.

Scheidungsfolgen

Übersicht 11

1. (ggf.) Unterhalt nach Scheidung (§§ 1569 ff.)
2. Zugewinnausgleich (§§ 1372 ff.)
3. Versorgungsausgleich (§§ 1587 ff.)
4. (ggf.) Änderungen beim Sorgerecht (§ 1671)

ferner: Konsequenzen im:

5. Steuerrecht (Wegfall des so genannten „Ehegattensplittings", ungünstigere Steuerklassen)

6. Sozialrecht (Wegfall von Vergünstigungen)

7. Ggf. Überlassung der Ehewohnung und Haushaltsgegenstände (§§ 1568a, 1568b)

3.3.1 Unterhalt nach Scheidung

Das Unterhaltsrecht nach den §§ 1569 ff. ist eines der besonders komplizierten Themen des Familienrechts; es wurde zum 01.01. 2008 erneut grundlegend novelliert. Auch die Rechtsprechung hat sich hier ständig fortentwickelt. Im Folgenden werden die wichtigsten Grundzüge dargestellt, während Einzelfragen des für die Soziale Arbeit noch wichtigeren Verwandtenunterhaltsrechts in Kapitel 5 und 6 ausführlicher behandelt werden.

Der Ehepartner, der weniger oder nichts verdient, hat nicht automatisch einen Unterhaltsanspruch gegen den/die frühere/n Ehepartner/in. Vielmehr müssen dazu die in Übersicht 12 genannten zehn rechtlichen Voraussetzungen erfüllt sein.

Voraussetzungen für einen Unterhaltsanspruch des geschiedenen Ehegatten

Übersicht 12

1. Es liegt kein Unterhalts(verzichts)vertrag vor (§ 1585c).

2. Ein geschiedener Ehegatte kann nach der Scheidung nicht selbst für sich sorgen, weil er keine angemessene Erwerbstätigkeit (§ 1574) ausüben kann (§ 1569).

3. Die Voraussetzungen eines der §§ 1570, 1571, 1572, 1573, 1575 oder 1576 müssen zusätzlich zu § 1569 erfüllt sein.

4. Bedürftigkeit des Unterhaltsberechtigten (§ 1577)

5. Leistungsfähigkeit des Unterhaltsverpflichteten (§ 1581)

6. keine Beschränkung oder kein Wegfall der Unterhaltsverpflichtung wegen Unbilligkeit bzw. grober Unbilligkeit (§ 1578b, § 1579)

7. ggf. Rangverhältnisse mehrerer Unterhaltsbedürftiger (§ 1582)

8. Art der Unterhaltsgewährung: Geldrente (§ 1585)

9. Maß und Höhe des Unterhalts nach den ehelichen Lebensverhältnissen (vgl. Düsseldorfer Tabelle) (§ 1578)

10. Ende des Unterhaltsanspruchs bei Wiederheirat oder Tod des/der Unterhaltsberechtigten (§ 1586)

Unterhaltsverzichtsverträge: Entsprechend der im BGB grundsätzlich bestehenden Vertragsfreiheit können Ehegatten nach § 1585c auch über die Unterhaltspflicht für die Zeit nach der Scheidung notarielle Vereinbarungen treffen und dabei auch Unterhaltsansprüche nach Scheidung ganz oder teilweise ausschließen. Allerdings kann ein solcher Vertrag nach der Rechtsprechung (vgl. BGH FamRZ 1992, 1403; NJW 1995, 1148; FamRZ 2004, 601; NJW 2004, 930) in Ausnahmefällen gegen den Grundsatz von Treu und Glauben (§ 242) verstoßen oder sittenwidrig (§ 138) und deshalb nichtig sein, wenn Unterhaltsansprüche z. B. auch für den Fall ausgeschlossen werden, dass der nicht verdienende Ehepartner kleine Kinder zu betreuen hat, zu deren Lasten ein solcher Unterhaltsverzichtsvertrag ginge (so BVerfG FamRZ 2001, 343).

Ein Ehegatte kann nicht selbst für sich sorgen: Ein Unterhaltsanspruch nach Scheidung – also nach Ende einer Ehegattenunterhaltsansprüche begründenden Ehe – besteht gemäß § 1569 grundsätzlich nicht. Es sei denn, ein Ehegatte ist „außerstande", für seinen Unterhalt zu sorgen (siehe dazu die Übersicht 13).

Unterhalt nach Scheidung (§ 1569)

Übersicht 13

1. **Grundsatz:** Jeder sorgt für sich selbst (Grundsatz der Eigenverantwortung). Jeder muss eine angemessene Erwerbstätigkeit ausüben (§ 1574) entsprechend:

   – seiner Ausbildung,
   – seinen Fähigkeiten und einer früheren Erwerbstätigkeit,
   – seinem Lebensalter
   – und seinem Gesundheitszustand.
   Die früheren Lebensverhältnisse sind zu berücksichtigen.

2. **Ausnahme:**
   Anspruch auf Unterhalt gegen den anderen Ehegatten auch nach einer Scheidung
   – wegen Betreuung eines Kindes (§ 1570)
   – wegen Alter (§ 1571) oder Krankheit/Gebrechen (§ 1572)
   – bis zur Erlangung angemessener Erwerbstätigkeit (§§ 1573/1574)
   – als „Aufstockungsunterhalt" (§ 1573 Abs. 2)
     – bei Ausbildung, Fortbildung, Umschulung (§ 1575)
   – aus Billigkeitsgründen (§ 1576)

Ein geschiedener Ehegatte muss also seinen Unterhalt grundsätzlich selbst verdienen. Maßstab für die Aufnahme einer insoweit zu fordernden „angemessenen" Erwerbstätigkeit sind dabei Ausbildung, Fähigkeiten, frühere Erwerbstätigkeit, Lebensalter und Gesundheitszustand. Nur (noch) zu „berücksichtigen" sind dabei auch die (bisherigen) „ehelichen Lebensverhältnisse" (§ 1574 Abs. 2). Ggf. besteht ein Unterhaltsanspruch nach § 1569 nur „nach den folgenden Vorschriften." Das heißt, dass zusätzlich zu § 1569 des Weiteren auch zumindest ein Tatbestand der §§ 1570 bis 1576 erfüllt sein muss.

Unterhaltsberechtigung nach §§ 1570 bis 1576: Der häufigste Fall der Unterhaltsberechtigung nach Scheidung ist der des § 1570 Abs. 1. Danach kann ein geschiedener Ehegatte von dem anderen wegen der Pflege oder Erziehung eines gemeinschaftlichen Kindes für mindestens drei Jahre „Betreuungsunterhalt" verlangen (Satz 1), ausnahmsweise auch länger (Satz 2, Abs. 2). Der Gesetzgeber hat mit Blick auf Kinder ab dem vollendeten dritten Lebensjahr den Vorrang der persönlichen Betreuung aufgegeben (vgl. BGH FuR 2009, 391), zumal ab diesem Zeitpunkt jedes Kind gemäß § 24 Abs. 3 Satz 1 SGB VIII einen Rechtsanspruch auf einen Kindergartenplatz hat. Hinweis: Eine parallele Regelung gilt gemäß § 1615l Abs. 2 auch im Falle der Betreuung nichtehelicher Kinder (vgl. 6.3).

Ob eine Erwerbstätigkeit wegen Alters gemäß § 1571 nicht mehr zugemutet werden kann, hängt sowohl von individuellen als auch von allgemeinen Gesichtspunkten, wie z. B. vom Erreichen der sozialversicherungsrechtlichen Altersgrenze, ab. Entsprechendes gilt für den eher seltenen Fall des Unterhalts wegen Krankheit oder Gebrechen (§ 1572).

Ein eventueller Unterhaltsanspruch nach § 1573 Abs. 1 wegen Erwerbslosigkeit kommt nur in Betracht, wenn nicht bereits ein Unterhaltsanspruch nach §§ 1570 bis 1572 besteht und nur solange und soweit der / die Unterhalt Begehrende nach (!) der Scheidung keine im Sinne des § 1574 Abs. 2 (siehe oben) „angemessene Erwerbstätigkeit" finden kann. Diese/r muss sich allerdings intensiv um eine solche bemühen.

Häufig kommt ein so genannter „Aufstockungsunterhalt" nach § 1573 Abs. 2 in Frage, und zwar in Höhe der Differenz zwischen den Einkünften aus einer angemessenen Erwerbstätigkeit und dem nach den ehelichen Lebensverhältnissen gemäß § 1578 (siehe dazu sogleich unten) geschuldeten Unterhalt.

Gemäß § 1575 Abs. 1 Satz 1 kann ein geschiedener Ehegatte, der in Erwartung der Ehe oder während der Ehe eine Schul- oder Berufsausbildung nicht aufgenommen oder abgebrochen hat, von dem anderen Ehegatten Unterhalt nach Scheidung verlangen, dies aber nur unter weiteren gesetzlich bestimmten Voraussetzungen und in der Regel zeitlich bis Ausbildungsabschluss befristet.

Und schließlich kann ein geschiedener Ehegatte nach § 1576 auch in anderen als den in § 1570 bis 1575 ausdrücklich genannten Fällen Unterhalt verlangen, soweit und solange von ihm aus sonstigen schwer wiegenden Gründen eine Erwerbstätigkeit nicht erwartet werden kann und die Versagung von Unterhalt grob unbillig wäre. Diese „Auffangvorschrift" kommt in der Praxis allerdings nur relativ selten zur Anwendung; sie erfasst etwa Fälle der Betreuung von Kindern, die keine gemeinschaftlichen Kinder im Sinne von § 1570 sind, wie z. B. Pflegekinder (vgl. BGH NJW 1984, 1538).

Bedürftigkeit des Unterhaltsberechtigten: Der geschiedene Ehegatte kann nach den §§ 1570 bis 1576 selbst bei Vorliegen der genannten Voraussetzungen dennoch keinen Unterhalt nach Scheidung verlangen, solange und soweit er sich aus seinen Einkünften und seinem Vermögen selbst unterhalten kann, mithin nicht bedürftig ist. Allerdings braucht er den Stamm seines Vermögens nicht einzusetzen, wenn die Verwertung unwirtschaftlich oder unbillig wäre (§ 1577 Abs. 3). Er muss sich aber alle aus zumutbarem Einsatz seiner Arbeitskraft erzielbaren Einkünfte sowie die Einkünfte aus einem eventuellen Vermögen (insbesondere Zinsen) anrechnen lassen.

Leistungsfähigkeit des Unterhaltsverpflichteten: Ist der Unterhaltsverpflichtete gemäß § 1581 nach seinen Erwerbs- und Vermögensverhältnissen unter Berücksichtigung seiner sonstigen Verpflichtungen außerstande, ohne Gefährdung des eigenen angemessenen Unterhalts dem Berechtigten Unterhalt nach Scheidung zu gewähren, so kommt die Leistung von Unterhalt nur unter Billigkeitsgesichtspunkten in Betracht. Mit anderen Worten: Der auf Unterhalt nach Scheidung in Anspruch genommene frühere Ehegatte ist nur im Rahmen seiner „Leistungsfähigkeit" zur Unterhaltszahlung verpflichtet. Dem Unterhaltsverpflichteten verbleibt also in jedem Fall ein Eigenbedarf (Selbstbehalt), damit dieser nicht aufgrund von Unterhaltsschulden auf staatliche Unterstützung angewiesen ist. Die Familiengerichte orientieren sich bei der individuellen Festlegung, welcher konkrete Euro-Betrag dem Unterhaltsverpflichteten verbleiben soll, im Allgemeinen an Empfehlungen wie z. B. der Düsseldorfer Tabelle (vgl. dazu ausführlich Kapitel 6.1.3 im Zusammenhang mit dem Verwandtenunterhalt).

Beschränkung oder Wegfall der Unterhaltsverpflichtung: Ggf. ist wegen „Unbilligkeit" der Unterhaltsanspruch gemäß § 1578b auf den „angemessenen Lebensbedarf" herabzusetzen oder zeitlich zu begrenzen. Zu dieser ebenfalls seit 2008 bestehenden Regelung gibt es inzwischen eine umfangreiche und sehr differenzierte Judikatur (vgl. BGH FamRZ 2013, 274; 2011, 713; 2011, 454; 2010, 1633; 2010, 869; 2010, 802; 2010, 629; 2010, 538; 2009, 1990; 2009, 1124; 2009, 770; 2009, 406).

Außerdem ist der Unterhalt ggf. gemäß § 1579 Nr. 1 bis 8 „wegen grober Unbilligkeit" zu versagen, herabzusetzen oder zeitlich zu begrenzen.

Vertiefung: Letzteres kann z. B. der Fall sein, wenn:

- gemäß Nr. 1 die Ehe von kurzer Dauer war (nach der Rechtsprechung: nicht länger als zwei bis drei Jahre; BGH NJW 1992, 247; FamRZ 1999, 710).
- gemäß Nr. 2 der Berechtigte in einer verfestigten Lebensgemeinschaft lebt (BGH FamRZ 1989, 487, 690, 1011, 1228; FamRZ 2002, 93; 2011, 1498; 2012, 1854).
- gemäß Nr. 3 der Unterhaltsberechtigte sich eines Verbrechens oder eines ähnlich schweren Vergehens gegen den Unterhaltsverpflichteten oder einen nahen Angehörigen schuldig gemacht hat (vgl. BGH FamRZ 1997, 483).
- gemäß Nr. 4 der Berechtigte seine Bedürftigkeit mutwillig herbeigeführt, z. B. also sein Vermögen verschwendet oder grundlos eine Erfolg versprechende Berufsausbildung abgebrochen hat (vgl. BGH FamRZ 1988, 375; FuR 2001, 184).
- gemäß Nr. 5 sich der Berechtigte über schwer wiegende Vermögensinteressen des Verpflichteten mutwillig hinweggesetzt hat, z. B. weil der/die Unterhaltsberechtigte falsche Behauptungen in die Welt gesetzt hat, die den Unterhaltsverpflichteten ruiniert haben.
- gemäß Nr. 6 der Berechtigte vor der Trennung längere Zeit seine Pflicht, zum Familienunterhalt beizutragen, gröblich verletzt hat.
- gemäß Nr. 7 dem Berechtigten ein offensichtlich schwer wiegendes, eindeutig bei ihm liegendes Fehlverhalten gegen den Verpflichteten zur Last fällt. Hierzu gehören nach der Rechtsprechung vor allem

schwer wiegende, einseitige Eheverfehlungen, das „Unterschieben" eines außerehelich gezeugten Kindes als „ehelich" bzw. das Verschweigen des Umstandes, dass ein Kind möglicherweise von einem anderen Mann abstammt (BGH FuR 2012, 314), die Zufügung seelischer Grausamkeiten oder schwere öffentliche Beleidigungen (vgl. BGH FamRZ 1983, 670; NJW 1985, 2266; FamRZ 1987, 572).

• oder gemäß Nr. 8 ein anderer Grund vorliegt, der ebenso schwer wiegt wie die in den Nummern 1 bis 7 aufgeführten Gründe. Nach der Rechtsprechung ist die Generalklausel Nr. 8 insbesondere z. B. dann anzuwenden, wenn die Eheschließung mit dem neuen Partner offenkundig nur deshalb unterbleibt, um den Unterhaltsanspruch aus der früheren Ehe nicht zu verlieren (vgl. BGH FamRZ 1989, 487; NJW 1995, 655).

Rangverhältnisse mehrerer Unterhaltsbedürftiger: Bei mehreren Unterhaltsberechtigten richtet sich der Rang der geschiedenen Ehegatten nach § 1609.

Art der Unterhaltsgewährung: Geschuldet ist gemäß § 1585 Abs. 1 grundsätzlich die Zahlung einer Geldrente monatlich im Voraus.

Maß und Höhe des Unterhalts: Maß und Höhe des Unterhalts bestimmen sich gemäß § 1578 Abs. 1 Satz 1 nach den ehelichen Lebensverhältnissen (vgl. dazu bereits § 1574 Abs. 2). Bei der konkreten Bestimmung dessen orientieren sich die Familiengerichte auch hier insbesondere an Empfehlungen wie z. B. der Düsseldorfer Tabelle (siehe auch dazu ausführlich Kapitel 6.1.3).

Ende des Unterhaltsanspruchs: Der Unterhaltsanspruch des geschiedenen Ehegatten endet, wenn dessen gesetzliche Voraussetzungen (siehe oben, Unterhaltsverzichtsverträge bis Maß und Höhe des Unterhalts) nicht mehr gegeben sind. Er erlischt darüber hinaus gemäß § 1586 Abs. 1 mit der Wiederheirat, der Begründung einer Lebenspartnerschaft (nach dem Lebenspartnerschaftsgesetz) oder dem Tode des Berechtigten, kann jedoch in bestimmten Fällen gemäß § 1586a wieder aufleben. Er erlischt nicht bei Tod des Unterhaltsverpflichteten, sondern geht gemäß § 1586b Abs. 1 grundsätzlich auf den/die Erben über, die eine überschuldete Erbschaft jedoch ggf. ausschlagen können.

3.3.2   Zugewinnausgleich

Es wird verwiesen auf 2.3.5.

3.3.3   Versorgungsausgleich

Vertiefung: Eines der kompliziertesten und deshalb oft für das Familiengericht auch zeitaufwändigsten Themen ist der Versorgungsausgleich. Seit dem 01.09.2009 ist der Versorgungsausgleich (vgl. § 1587) nicht mehr im BGB, sondern in einem separaten Gesetz, dem Versorgungsausgleichsgesetz, geregelt, auf das hier nur in knapper Form hingewiesen wird (siehe dazu auch die Übersicht 14). Aufgrund des Versorgungsausgleiches werden zukünftige Versorgungsansprüche der bisherigen Ehegatten aus der gesetzlichen Rentenversicherung, aus Betriebsrenten, auf Beamtenversorgung und anderes nach grundsätzlich derselben „Logik" wie beim Zugewinnausgleich (vgl. Kapitel 2.3.5) ermittelt, aufgeteilt und zudem bereits mit der gerichtlichen Entscheidung gleichsam „fest verbucht" und dauerhaft gesichert, ggf. also schon Jahrzehnte vor dem Eintritt der Versorgungsberechtigung.

Öffentlich-rechtlicher Versorgungsausgleich   *Übersicht 14*

1. Ermittlung der Versorgungsanwartschaften beider Ehegatten
2. Berechnung und Bewertung der Versorgungsanwartschaften
3. Teilung aller in der Ehezeit erworbenen Anteile von Versorgungsanrechten (Ehezeitanteile) je zur Hälfte zwischen den geschiedenen Ehegatten.
4. Der ausgleichsberechtigten Person steht die Hälfte des Werts des jeweiligen Ehezeitanteils als Ausgleichswert zu.

3.3.4   (ggf.) Änderungen beim elterlichen Sorgerecht

Im Zusammenhang mit einer Ehescheidung sind nicht mehr in jedem Falle auch Entscheidungen über das elterliche Sorgerecht zu treffen. Hatten beide Eltern gemeinsam die elterliche Sorge, verbleibt es dabei (ohne gerichtliche Entscheidung), es sei denn, es wird von einem Elternteil ein Antrag auf Übertragung der alleinigen Sorge gestellt (§ 1671 Abs. 1). Eine ausführliche Behandlung dieses Themas finden Sie im Kapitel 9.

An den Unterhaltspflichten für Kinder (vgl. Kapitel 5 und 6) ändert sich allein aufgrund einer Scheidung ohnehin nichts.

3.3.5   Weitere Konsequenzen

Aufgrund einer Scheidung entfallen (gleichsam „spiegelbildlich") die meisten der aufgrund der Eheschließung gewährten Vergünstigungen und Vorteile, z. B. im Steuer- und Sozialrecht. Außerdem kann ggf. ein Ehegatte verlangen, dass ihm der andere Ehegatte anlässlich der Scheidung die Ehewohnung überlässt (§ 1568a) und die im gemeinsamen Eigentum stehenden Haushaltsgegenstände überlässt oder übereignet (§ 1568b).

📖 **Literatur**

Büte, D., Poppen, E., Menne, M. (2009): Unterhaltsrecht. Kommentar. 2. Aufl.

Gerhardt, P. (2008): Die Unterhaltsrechtsreform zum 1.1.2008, FuR 9

Glockner, R., Hoenes, U., Weil, K. (2009): Der neue Versorgungsausgleich

Heiß, B., Born, W. (Hrsg.) (2013): Unterhaltsrecht. Ein Handbuch für die Praxis. 44. Aufl.

Langenfeld, G. (2011): Handbuch der Eheverträge und Scheidungsvereinbarungen. 6. Aufl.

Menne, M. (2008): Das neue Unterhaltsrecht

Ruland, F. (2011): Versorgungsausgleich. 3. Aufl.

Schwab, D. (Hrsg.) (2013a): Handbuch des Scheidungsrechts. 7. Aufl.

Strecker, C. (2010): Versöhnliche Scheidung. 4. Aufl.

Triebs, M. (2009): Versorgungsausgleich aktuell

Fall 3: Der Unterhaltsverzicht

M und F waren verheiratet. Aus der Ehe gingen zwei heute ein und zwei Jahre alte Töchter hervor. F war bis zur Geburt des ersten Kindes voll erwerbstätig, danach versorgte sie Familie und Haushalt. Nach der Trennung der Ehegatten leben beide Kinder bei ihrer Mutter F, die über kein eigenes Einkommen verfügt. M und F sind nunmehr rechtskräftig geschieden, die alleinige elterliche Sorge für die beiden Töchter wurde auf F übertragen.

F verlangt nun von M nachehelichen Unterhalt. Dieser verweigert die Zahlung, wobei er sich auf eine von ihm und F am Tage vor der Eheschließung abgeschlossene, notariell beurkundete Vereinbarung beruft. Diese lautet: „Für den Fall der Scheidung verzichten wir wechselseitig auf jegliche Unterhaltszahlungen, und zwar auch für die Fälle der Unterhaltsberechtigung wegen Pflege oder Erziehung der Kinder".

Darüber hinaus wendet M ein, F habe ihre Bedürftigkeit durch mutwilligen Verbrauch von 40.000 Euro selbst herbeigeführt. Die 40.000 Euro waren der der F zugeflossene hälftige Erlösanteil aus dem Verkauf eines Hausgrundstückes, das den Eheleuten früher gehört hatte. F hat die 40.000 Euro innerhalb von zwei Jahren ausgegeben. Nach Auffassung von M sei ihr Unterhaltsverlangen deshalb grob unbillig.

Kann F von M auch für sich (also neben dem Unterhalt für die Kinder) Unterhalt nach Scheidung verlangen?

4 Verwandtschaft und Abstammung

Nach der alleinigen Betrachtung der „Paarebene" in den Kapiteln 2 und 3 und befassen sich die folgenden Kapitel mit dem Verhältnis von Eltern und Kindern. Die rechtliche Zuordnung von Kindern zu ihren Eltern erfolgt im BGB über die Begriffe „Verwandtschaft" (§ 1589) und „Abstammung" (§§ 1591 ff.). Die Regelungen der §§ 1589, 1591 ff. sind (mit Ausnahme von § 1600 Abs. 2 und 4) klar und präzise formuliert, damit es bei den hier angesprochenen wichtigen statusrechtlichen Themen von Kindschaft und Elternschaft, an die auch das Verwandtenunterhaltsrecht (vgl. Kapitel 5) und das Erbrecht (Buch 5 des BGB) anknüpfen, möglichst keine Unklarheiten gibt. Zur Beantwortung der grundlegenden verwandtschafts- und abstammungsrechtlichen Fragen genügt deshalb zumeist die genaue Kenntnis der einschlägigen gesetzlichen Bestimmungen.

4.1 Verwandtschaft und Schwägerschaft

Das BGB unterscheidet zwei Arten der Verwandtschaft zwischen Personen, nämlich solcher in gerader Linie und in der Seitenlinie. Gemäß § 1589 Satz 1 sind Personen, bei denen eine von der anderen abstammt, „in gerader Linie verwandt". Verwandte in gerader Linie sind also blutsverwandt: Urgroßeltern, Großeltern, Eltern, Kinder, Enkelkinder etc. Demgegenüber sind gemäß § 1589 Satz 2 diejenigen Personen „in der Seitenlinie verwandt", die nicht in gerader Linie verwandt sind, aber von derselben dritten Person abstammen. Dies sind z. B. Geschwister, Halbgeschwister, Vettern, Onkeln und Tanten etc., die eben nicht „in vollem Umfang" voneinander abstammen, sondern lediglich einen gemeinsamen Vorfahren haben.

Der Grad der Verwandtschaft bestimmt sich nach § 1589 Satz 3 nach der Zahl der sie vermittelnden Geburten. Um diesen Grad zu bestimmen, muss man also die Anzahl der für den jeweiligen Verwandtschaftsgrad „erforderlichen" Geburten durch Abzählen derselben ermitteln.

Ein Sohn ist z. b. mit seinem Vater im ersten Grade verwandt, weil für diese Verwandtschaft (in gerader Linie) lediglich eine Geburt, nämlich seine, erforderlich war; mit seinem Großvater besteht dementsprechend ein Verwandtschaftsverhältnis zweiten Grades, weil es dafür zweier Geburten, der des Vaters und des Sohnes, bedurfte.

Vertiefung: Neben der Verwandtschaft kennt das BGB die Schwägerschaft. Gemäß § 1590 Abs. 1 Satz 1 sind die Verwandten eines Ehegatten mit dem anderen Ehegatten verschwägert, wobei sich nach § 1590 Abs. 1 Satz 2, ähnlich wie bei der Verwandtschaft, die Linie und der Grad der Schwägerschaft nach der Linie und dem Grad der sie vermittelnden Geburten bestimmen. Die Schwägerschaft wird also durch die Eheschließung begründet, man erheiratet also gleichsam die Verwandtschaft des Ehepartners. Die Schwägerschaft dauert gemäß § 1590 Abs. 2 auch über den Zeitpunkt einer eventuellen Auflösung der Ehe, die die Schwägerschaft begründet hat, fort. Die rechtliche Bedeutung der Schwägerschaft ist allerdings gering. Insbesondere begründet sie keine sorge- oder unterhaltsrechtlichen Verpflichtungen, wohl aber Zeugnisverweigerungsrechte zwischen in gerader Linie (oder in der Seitenlinie bis zum zweiten Grade) Verschwägerten (§ 52 Abs. 1 Nr. 3 StPO, § 383 Abs. 1 Nr. 3 ZPO).

4.2   Abstammung

Das Abstammungsrecht ordnet ein Kind einer Frau als seiner rechtlichen Mutter und ggf. einem Mann als seinem rechtlichen Vater zu. Rechtliche Mutterschaft und Vaterschaft sind zugleich unverzichtbare Voraussetzungen für eventuelle Verwandten-Unterhaltsansprüche (§§ 1601 ff.; siehe Kapitel 5), das Sorge- und Umgangsrecht der Eltern (§§ 1626 ff., 1684 f.; siehe Kapitel 7 bis 10), für die gesetzliche Erbfolge (§§ 1924 ff.) und für zahlreiche Sozialleistungen (z. B. Kindergeld, Erziehungsgeld) und Steuervergünstigungen. Um das Abstammungsrecht zu verstehen, muss man jedoch die biologisch-genetische und die rechtliche Zuordnung von Eltern und Kindern unterscheiden, die einander entsprechen, jedoch auch auseinander fallen können.

Die Mutterschaft wird durch die Geburt des Kindes begründet: „Mutter eines Kindes ist die Frau, die es geboren hat", heißt es (seit 1998) in § 1591. Dies gilt auch für den Fall, dass die Mutter z. B. aufgrund künstlicher Befruchtung (Samen-, Ei- oder Embryonen-Spende) ein Kind zur

Welt bringt und ohne dass die Gebärende etwa durch Vertrag mit der „Auftraggeberin" darüber disponieren könnte. Die Mutterschaft kann auch, anders als die Vaterschaft (siehe dazu Kapitel 4.3), nicht durch Anfechtung oder aufgrund anderer abstammungsrechtlicher Maßnahmen beseitigt werden. Nur im Falle der Adoption (§ 1741 ff.; siehe Kapitel 11) kann ein Kind die rechtliche Stellung eines Kindes des/der Annehmenden erlangen (§ 1754). Dann erlischt das Verwandtschaftsverhältnis des Kindes zu seiner bisherigen Mutter im Rechtssinne (§ 1755 Abs. 1).

Wesentlich komplizierter als die Begründung der Mutterschaft ist die der Vaterschaft eines Kindes nach den §§ 1592 ff., die zudem (außer im Falle der gerichtlichen Feststellung) durch Anfechtung nach §§ 1599 ff. wieder beseitigt werden kann. Die Vaterschaft im rechtlichen Sinne ist oft nicht identisch mit der im biologisch-genetischen Sinne.

Gemäß § 1592 kommen drei Formen der Zuordnung der juristischen Vaterschaft in Betracht, die sich gegenseitig ausschließen. Vater eines Kindes ist danach der Mann,

- der gemäß § 1592 Nr. 1 zum Zeitpunkt der Geburt mit der Mutter des Kindes verheiratet ist (Vaterschaft kraft Ehe) oder
- der gemäß § 1592 Nr. 2 die Vaterschaft anerkennt (Vaterschaft aufgrund Anerkennung) oder
- dessen Vaterschaft gemäß § 1592 Nr. 3 nach § 1600d (oder § 182 Abs. 1 FamFG) gerichtlich festgestellt ist (Vaterschaft aufgrund gerichtlicher Feststellung).

Konkretisiert wird § 1592 durch §§ 1593 bis 1598. Danach gibt es die in der Übersicht 15 aufgezeigten Alternativen und Voraussetzungen der rechtlichen Zuordnung der Vaterschaft.

Alternativen und Voraussetzungen der rechtlichen Zuordnung der Vaterschaft

Übersicht 15

Vater im juristischen Sinne ist entweder der Mann (im Falle von Nr. 1 und 2 mit Anfechtungsmöglichkeit),

1. mit dem die Mutter im Zeitpunkt der Geburt verheiratet ist, § 1592 Nr. 1, § 1593;

2. oder der die Vaterschaft anerkannt hat, § 1592 Nr. 2 in Verbindung mit § 1598 sowie folgenden Vorschriften:
- § 1595 Abs. 1, 2 (Zustimmung von Mutter und ggf. Kind, eventuell vertreten durch Vormund)
- § 1594 Abs. 2 (keine bereits bestehende Vaterschaft eines anderen Mannes)
- § 1594 Abs. 3 (ohne Bedingung, Zeitbestimmung)
- § 1597 durch öffentliche Beurkundung (z. B. Notar oder Jugendamt, § 59 Abs. 1 Nr. 1 SGB VIII)
- eventuell § 1596 (Sonderregelungen für Minderjährige u. a.);

3. oder dessen Vaterschaft gerichtlich festgestellt ist, § 1592 Nr. 3 in Verbindung mit
- § 1600d Abs. 1 (falls kein Fall nach § 1592 Nr. 1, 2, § 1593) sowie
- § 1600d Abs. 2 (widerlegbare Vermutung der Vaterschaft bei „Beiwohnung" während der Empfängniszeit)

4.2.1 Vaterschaft kraft Ehe

§ 1592 Nr. 1 knüpft die rechtliche Zuordnung der Vaterschaft des Mannes allein an die Tatsache, dass er zum Zeitpunkt der Geburt des Kindes mit dessen Mutter verheiratet ist. Juristisch spielt es also keine Rolle, ob der Mann auch zugleich der biologisch-genetische Vater ist, es sei denn, die Vaterschaft wird durch Anfechtung gemäß § 1599 Abs. 1 beseitigt. Gemäß § 1593 Satz 1 gilt § 1592 Nr. 1 entsprechend, wenn die Ehe durch Tod aufgelöst wurde und innerhalb von 300 Tagen nach der Auflösung ein Kind geboren wird.

Vertiefung: Eine weitere Ausnahme liegt im Falle des § 1599 Abs. 2 vor, wenn nämlich das Kind nicht vom (Noch-)Ehemann abstammt; hier soll dem biologischen Vater ein aufwendiges Anfechtungsverfahren erspart werden, wenn die drei folgenden Voraussetzungen des § 1599 Abs. 2 vorliegen:

- Ein Kind wird nach Anhängigkeit eines Scheidungsverfahrens geboren (Satz 1).
- Ein Dritter (zumeist der „biologische" Vater) erkennt die Vaterschaft innerhalb eines Jahres nach Rechtskraft des Scheidungsurteils an (Satz 1).
- Der Mann, der zum Zeitpunkt der Geburt mit der Mutter des Kindes verheiratet ist, stimmt dieser Anerkennung zu (Satz 2).

4.2.2   Vaterschaft aufgrund Anerkennung

Im Anschluss an § 1592 Nr. 2 werden in den §§ 1594 bis 1597 mehrere Voraussetzungen für diese Form der rechtlichen Zuordnung der Vaterschaft statuiert. Wichtig sind insbesondere die unverzichtbare Zustimmung der Mutter (§ 1595 Abs. 1), die öffentliche Beurkundung (§ 1597 Abs. 1), die z. B. beim Notar oder (kostenfrei) beim Jugendamt erfolgen kann, und das Nichtbestehen der rechtlichen Vaterschaft eines anderen Mannes (§ 1594 Abs. 2). Sind diese Voraussetzungen sowie die übrigen Voraussetzungen der §§ 1594 ff. erfüllt (vgl. auch die Besonderheiten in § 1596), ist die Anerkennung gemäß § 1598 Abs. 1 rechtswirksam, ohne dass es auch hier darauf ankommt, ob der Anerkennende auch tatsächlich der biologisch-genetische Vater ist.

4.2.3   Vaterschaft aufgrund gerichtlicher Feststellung

Im Anschluss an § 1592 Nr. 3 werden in § 1600d die Voraussetzungen und das Verfahren für die Feststellung der Vaterschaft durch das Familiengericht geregelt, die gemäß § 1600d Abs. 1 immer dann zu erfolgen hat, wenn keine Vaterschaft nach § 1592 Nr. 1 oder Nr. 2 oder § 1593 besteht. (Ergänzend gelten §§ 169 ff. FamFG). Gemäß § 1600d Abs. 2 wird (widerleglich) als Vater vermutet, wer der Mutter während der Empfängniszeit „beigewohnt" hat, also mit ihr Geschlechtsverkehr hatte. Diese Vermutung gilt nicht, wenn schwer wiegende Zweifel an der Vaterschaft bestehen (Absatz 2 Satz 2), z. B. wenn die Mutter während der Empfängniszeit mit mehreren Männern Verkehr gehabt hatte oder wenn sich der Vater während der Empfängniszeit ununterbrochen im Ausland aufgehalten hat. In Zweifelsfällen wird die Vaterschaft aufgrund eines Blutgruppen-Gutachtens oder einer DNA-Analyse festgestellt.

4.3   Anfechtung der Vaterschaft

Nicht immer ist der Vater gemäß § 1592 Nr. 1 (Vaterschaft aufgrund Ehe) und Nr. 2 (Vaterschaft kraft Anerkennung) auch der genetisch-biologische Vater. Wie sich aus § 1599 Abs. 1 ergibt, kann die Vaterschaft (nur) in diesen beiden Fällen von § 1592 Nr. 1 und 2 (sowie im Falle von § 1593) angefochten werden, nicht jedoch im Falle von § 1592 Nr. 3 (Vaterschaft kraft gerichtlicher Feststellung), denn letztere beinhaltet gleichsam die definitive und abschließende (gerichtliche) Entscheidung. Die erfolgreiche Anfechtung bewirkt, dass gemäß §§ 169 ff. FamFG durch das Familiengericht rechtsverbindlich festgestellt wird, dass der Mann (in den Fällen von § 1592 Nr. 1 und 2 sowie § 1593) eben doch nicht der Vater im Rechtssinne ist. Problematisch ist dabei mitunter die Frage der Anfechtungsberechtigung. Die Übersicht 16 vermittelt einen Überblick über die Thematik „Anfechtung der Vaterschaft".

Anfechtung der Vaterschaft

Übersicht 16

1.   Anfechtungsberechtigte sind:
1.1 der Mann, dessen Vaterschaft nach § 1592 Nr. 1, 2, § 1593 besteht (§ 1600 Abs. 1 Nr. 1)
1.2 der „biologische Vater", wenn die Voraussetzungen nach § 1600 Abs. 2 und 4 erfüllt sind (§ 1600 Abs. 1 Nr. 2)
1.3 die Mutter (§ 1600 Abs. 1 Nr. 3)
1.4 das Kind (durch gesetzlichen Vertreter) (§ 1600 Abs. 1 Nr. 4, § 1600a Abs. 3)
1.5 die zuständige Behörde in den Fällen des § 1592 Nr. 2 (§ 1600 Abs. 1 Nr. 5)

2.   Besonderheiten:
2.1 Die Anfechtungsberechtigten nach § 1600 Abs. 1 Nr. 1 bis 3 können nur selbst anfechten (§ 1600a Abs. 2 Satz 1)
2.2 Auch in der Geschäftsfähigkeit Beschränkte können nur selbst anfechten, und zwar ohne Zustimmung ihres gesetzlichen Vertreters (§ 1600a Abs. 2 Satz 2)

2.3 Eine Anfechtung durch den gesetzlichen Vertreter muss dem Wohl des Kindes dienen (§ 1600a Abs. 4)

2.4 Ein geschäftsfähiger Betreuer kann (nur selbst) anfechten (§ 1600a Abs. 5)

3. Nicht anfechtungsberechtigt sind:

3.1 Mann und Frau bei künstlicher Befruchtung mittels Samenspende eines Dritten (§ 1600 Abs. 5)

3.2 Bevollmächtigte (§ 1600a Abs. 1)

3.3 Geschäftsunfähige (§ 1600a Abs. 2 Satz 3)

4. Die **Anfechtungsfrist** beträgt grundsätzlich 2 Jahre (§ 1600b)

5. Über die Anfechtung entscheidet das **Familiengericht**, ggf. aufgrund einer Vaterschaftsvermutung (nach § 1600c)

4.3.1   Anfechtungsberechtigte

Der Kreis der Anfechtungsberechtigten nach § 1600 Abs. 1 ist in den letzten Jahren wiederholt erweitert worden. Er umfasst insbesondere gemäß Nr. 1 den Mann, dessen Vaterschaft nach § 1592 Nr. 1 und 2, § 1593 besteht, die Mutter (Nr. 3), das Kind (Nr. 4), Letzteres vertreten durch den gesetzlichen Vertreter, sowie gemäß Nr. 2 auch den so genannten biologischen Vater, der an Eides Statt versichert hat, der Mutter des Kindes während der Empfängniszeit beigewohnt zu haben; außerdem muss es hier so sein, dass zwischen dem Kind und dem Vater, dessen Vaterschaft (bisher) nach §§ 1592 Nr. 1 oder Nr. 2, 1593 rechtlich legitimiert ist, keine „sozial-familiäre Beziehung" besteht oder im Zeitpunkt seines Todes bestanden hat. Wann eine solche Beziehung gegeben ist oder war, wird in § 1600 Abs. 4 in Übereinstimmung mit der Rechtsprechung des Bundesverfassungsgerichts (JAmt 2003, 301) dann anzunehmen sein, wenn der „rechtliche" Vater zugleich auch für das Kind tatsächliche Verantwortung trägt oder getragen hat, indem er mit der Mutter verheiratet ist oder wenn er mit dem Kind längere Zeit in häuslicher Gemeinschaft gelebt hat.

Schließlich setzt die Anfechtung durch den biologischen Vater gemäß § 1600 Abs. 2 voraus, dass dieser tatsächlich der leibliche Vater ist. Zuvor muss der biologische Vater glaubhaft machen, d. h. eidesstattlich versichern, dass er der Mutter während der Empfängniszeit „beigewohnt" hat. § 1600 Abs. 1 Nr. 2, Abs. 2 und Abs. 4 stellen also eine sehr komplizierte Regelung dar. Ist das Kind mit Einwilligung des Mannes und der Mutter durch künstliche Befruchtung mittels Samenspende eines Dritten gezeugt worden, so ist gemäß § 1600 Abs. 5 die Anfechtung der Vaterschaft durch den Mann oder die Mutter ausgeschlossen.

Weitere Besonderheiten der Anfechtungsberechtigung mit Blick auf Bevollmächtigte, gesetzliche Vertreter, Geschäftsunfähige, Minderjährige und geschäftsfähige Betreute ergeben sich aus den insoweit klaren und eindeutigen Regelungen des § 1600a Abs. 1 bis 5, die man allerdings sorgfältig auseinander halten muss (siehe dazu Übersicht 16 sowie Fall 4b).

Vertiefung: Anfechtungsberechtigt ist gemäß § 1600 Abs. 1 Nr. 5 auch die zuständige Behörde (mit Blick auf Fragen der Staatsangehörigkeit); Nr. 5 ist allerdings wegen Unbestimmtheit dieser Norm für verfassungswidrig erklärt worden (BVerfG 17.12.2013 – 1 BvL 6/10, in: JAmt 2014, 88 f.).

4.3.2 Anfechtungsfristen und Verfahren

Die Vaterschaft kann nur binnen zwei Jahren ab Kenntnis der gegen die Vaterschaft sprechenden Umstände und durch die Anfechtungsberechtigten angefochten werden (§ 1600b Abs. 1 mit weiteren Besonderheiten gemäß Absatz 2 bis 6; insbesondere kann das Kind gemäß Absatz 3 ggf. ab Volljährigkeit selbst anfechten). Im Falle des § 1600 Abs. 1 Nr. 5 beträgt die Frist gemäß § 1600b Abs. 1a ein Jahr. Das Gericht gibt dem Antrag (nur dann) statt, wenn zur Überzeugung des Gerichts feststeht, dass der Mann, dem das Kind kraft Ehe oder Anerkennung nach § 1592 Nr. 1, 2, § 1593 zugerechnet wird, nicht der (wirkliche) Vater des Kindes ist. Auch dies muss in vollem Umfang (ggf. auch hier durch Blutgruppen- oder DNA-Analyse) bewiesen werden, da zunächst gemäß § 1600c Abs. 1 die Vermutung gilt, dass das Kind von dem Mann abstammt, dessen Vaterschaft nach § 1592 Nr. 1 und 2, § 1593 besteht.

Vertiefung: Aufgaben der Kinder- und Jugendhilfe (des Jugendamtes) im Zusammenhang mit der Vaterschaftsanerkennung und -feststellung

1. Beratung und Unterstützung (§ 52a SGB VIII)
2. Hinwirken auf Feststellung der Vaterschaft durch das Jugendamt als Beistand (§§ 1712 bis 1717; siehe dazu Kapitel 11.3)
3. (Kostenfreie) Beurkundung von Erklärungen, Widerrufen und Zustimmungen im Zusammenhang mit der Anerkennung der Vaterschaft (§ 59 Abs. 1 Satz 1 Nr. 1 SGB VIII)

4.4   Verfahren zur Klärung der Abstammung

Seit dem 01.04.2008 haben gemäß § 1598a Vater, Mutter und Kind jeweils gegenüber den anderen beiden Familienangehörigen einen Anspruch auf Klärung der (genetischen!) Abstammung – unabhängig von der Anfechtung der Vaterschaft. Wird ein solches Verfahren durchgeführt, wird die Anfechtungsfrist nach § 1600b Abs. 5 Satz 1 gehemmt.

📖 Literatur

Grün, K.-J. (2010): Vaterschaftsfeststellung und -anfechtung. 2. Aufl.
Helms, T., Kieninger, J., Rittner, C. (2010): Abstammungsrecht in der Praxis: Materielles Recht, Verfahrensrecht, Medizinische Abstammungsbegutachtung

Fall 4a: Komplizierte Vaterschaft

Die ledige 17-jährige Edith (E) bringt das Kind Karl (K) zur Welt. Es ist „stadtbekannt", dass K von Hermann (H) stammt.

1. Ist H Vater des Kindes?

H möchte jetzt die Vaterschaft für K anerkennen. E will aber nichts davon wissen.

2. Ist eine Anerkennung trotzdem möglich?

3. Könnte H, wenn E nicht widerspricht, auch dann anerkennen, wenn er wegen Alkoholkrankheit unter Rechtlicher Betreuung steht?

E lebt jetzt mit Herrn Schmidt (S) zusammen. Dieser ist bereit, die Vaterschaft für K anzuerkennen, obwohl H der wahre Vater ist. Kann S anerkennen,

4. wenn H bisher nicht anerkannt hat?

5. wenn H bereits anerkannt hat?

Fall 4b: Vielerlei Anfechtungen

Kurt (K) ist in der Ehe von Albert (A) und Elisabeth (E) geboren. E ist minderjährig. A wird wegen Drogensucht (psychische Krankheit) unter Rechtliche Betreuung gestellt. E nimmt dies zum Anlass, sich scheiden zu lassen. Danach erfährt A, dass K nicht von ihm stammt. Was ist zu beachten, wenn

1. A,

2. K,

3. E

die Vaterschaft anficht?

Gesetzt den Fall, K wäre mittlerweile 21 Jahre alt und hätte erst vor drei Jahren erfahren, dass er nicht von A abstammt. Darf er noch anfechten? Kann er von seiner Mutter Auskunft über den tatsächlichen Vater verlangen?

5 Verwandtenunterhalt I

Bei unterhaltsrechtlichen Fragestellungen nach dem BGB muss man sich zunächst sehr sorgfältig vergewissern, in welchem der folgenden Unterhaltssysteme man sich befindet, weil diese zwar Gemeinsamkeiten miteinander, aber auch gravierende Unterschiede aufweisen (siehe dazu Übersicht 17).

Unterhalt nach dem BGB

Übersicht 17

I. Gesetzlicher Unterhalt

1. Ehegattenunterhalt bei Zusammenleben (§§ 1360, 1360a)
2. Ehegattenunterhalt bei Getrenntleben (§ 1361)
3. Ehegattenunterhalt nach Scheidung (§§ 1569 bis 1586b)
4. Verwandtenunterhalt (§§ 1601 bis 1615)
5. Unterhalt aus Anlass der Geburt (§ 1615 l)

II. Vertraglicher Unterhalt beliebiger Personen untereinander nach freier Vereinbarung

Fragen des Ehegattenunterhalts sind in den Kapiteln 2 und 3 behandelt worden. In Kapitel 5 und 6 sowie in der Tabelle 4 geht es nunmehr um Fragen des Unterhalts zwischen Verwandten nach den §§ 1601 bis 1615 und um Fragen des Unterhalts aus Anlass der Geburt des Kindes nicht miteinander verheirateter Eltern gemäß § 1615 l.

Fragen des Verwandtenunterhaltsrechts nach den §§ 1601 ff. können sich mit Blick auf Erwachsene und/oder Minderjährige stellen. Der praktisch häufigste Fall ist der des Unterhaltsanspruchs von (minderjährigen) Kindern gegenüber ihren Eltern.

Das Thema Verwandtenunterhalt ist eines der kompliziertesten Themen des gesamten Familienrechts; dies vor allem deshalb, weil – anders als z. B. beim Abstammungs- oder Sorgerecht – viele wichtige Details gar nicht im Gesetz geregelt, sondern erst durch die Rechtsprechung geklärt worden sind, die man deshalb in einigen wichtigen Grundzügen ebenfalls beherrschen muss. Besonders wichtig ist beim Lösen von Fällen des Verwandtenunterhaltsrechts deshalb ein systematisches Vorgehen, das die „Checkliste Unterhalt nach §§ 1601 ff." (siehe Tab. 4) erleichtern soll.

Tab. 4: Checkliste Unterhalt nach §§ 1601 ff

I. Verwandtenunterhalt – allgemeine Bestimmungen	Sonderbestimmungen für Kinder; prüfen: welche Kinder?
1. Immer nötig	
1.1 Verwandtschaft in gerader Linie: § 1601	
1.2 Bedürftigkeit des Unterhaltsberechtigten: § 1602 Abs. 1	§ 1602 Abs. 2 § 1610 Abs. 2
1.3 Leistungsfähigkeit des Unterhaltsverpflichteten: § 1603 Abs. 1	§ 1603 Abs. 2
2. Eventuell: weitere Fragestellungen	
2.1 Rangfolge mehrerer Unterhaltsverpflichteter: §§ 1608 Satz 1; 1606 Abs. 1, Abs. 3 Satz 1, Abs. 2; 1607	
2.2 Rangfolge mehrerer Unterhaltsberechtigter: § 1609	
2.3 Ausnahmsweise: Beschränkung/Wegfall des Unterhalts-Anspruchs bei Unbilligkeit: § 1611 Abs. 1	§ 1611 Abs. 2
2.4 Art der Unterhalts-Gewährung: Geldrente: § 1612 Abs. 1, 3	§ 1612 Abs. 2 § 1612 a

I. Verwandtenunterhalt – allgemeine Bestimmungen	Sonderbestimmungen für Kinder; prüfen: welche Kinder?
2.5 Maß des Unterhalts („angemessen") § 1610 Abs. 1, 2	
2.6 Höhe des Unterhalts § 1610 Abs. 1, 2; § 1613 Abs. 2 + Düsseldorfer Tabelle	
2.7 Anrechnung Kind bezogener Leistungen (ggf.)	§ 1612b, c
2.8 Beginn und Ende des Unterhaltsanspruches §§ 1613, 1614, 1615	
II. Unterhalt aus Anlass der Geburt §§ 1615 l	

In einem ersten Schritt ist zunächst zu unterscheiden, ob es sich um Fragen des Verwandtenunterhalts (I.) oder um solche aus Anlass der Geburt eines Kindes handelt (II.). Bei Letzteren sind die beteiligten erwachsenen Personen nämlich nicht miteinander verwandt und auch nicht miteinander verheiratet. In einem zweiten Schritt sind sodann in jedem (!) Fall („gebetsmühlenartig") die Fragen 1.1, 1.2 und 1.3 zu untersuchen. Nur wenn alle diese drei Fragen positiv geklärt sind, kommt man in einem eventuellen dritten Schritt zu ggf. außerdem noch notwendig werdenden weiteren Prüfungen gemäß 2.1 bis 2.8. Sowohl bei Fragen nach dem zweiten als auch nach dem dritten Schritt ist schließlich zu beachten, dass es häufig Sonderbestimmungen für Unterhaltsansprüche von Kindern gibt, ggf. noch weiter differenziert mit Blick auf minderjährige, volljährige, verheiratete und/oder nicht verheiratete Kinder.

5.1 Immer wiederkehrende Fragestellungen beim Verwandtenunterhalt

Wie ausgeführt sind bei verwandtenunterhaltsrechtlichen Fällen immer zunächst die drei Grundfragen 1.1, 1.2 und 1.3 zu stellen und zu beantworten. Ist eine dieser drei Voraussetzungen nicht erfüllt, ist die rechtliche Prüfung bereits hier mit negativem Ergebnis zu Ende!

5.1.1 Verwandtschaft in gerader Linie

Nach der eindeutigen gesetzlichen Bestimmung des § 1601 sind „Verwandte in gerader Linie verpflichtet, einander Unterhalt zu gewähren." In gerader Linie verwandt sind gemäß § 1589 Satz 1 Personen, bei denen „eine von der anderen abstammt", also blutsverwandte Personen, wie Großvater/Vater/Sohn bzw. Großmutter/Mutter/Tochter etc. Damit ist rechtlich klar, dass z. B. Geschwister, die in der Seitenlinie miteinander verwandt sind (§ 1589 Satz 2), oder Verschwägerte – abgesehen von eventuellen moralischen Erwägungen – keine Unterhaltsansprüche nach §§ 1601 ff. gegeneinander haben. Unterhaltsansprüche zwischen Verwandten in gerader Linie sind „in beide Richtungen" denkbar, z. B. auch von alten Menschen gegenüber ihren erwachsenen Söhnen und Töchtern, sind aber vor allem im Verhältnis zwischen Kindern und ihren Eltern von zentraler Bedeutung.

5.1.2 Bedürftigkeit des Unterhaltsberechtigten

„Bedürftig" und damit unterhaltsberechtigt ist nur, „wer außerstande ist, sich selbst zu unterhalten" (§ 1602 Abs. 1). Was dies bedeutet, ergibt sich zum Teil aus einem Umkehrschluss aus § 1602 Abs. 2 und ist im Übrigen durch die Rechtsprechung geklärt: Der im Sinne von § 1602 Abs. 1 „Bedürftige" muss, um unterhaltsberechtigt zu sein, „vorher" eingesetzt haben:

- Vermögen,
- Einkommen und
- Arbeitskraft.

Vermögen ist das gesamte Kapital- und Sachvermögen des ggf. Unterhaltsberechtigten zuzüglich eventueller Zinsen. Sein Einkommen umfasst ggf. alle regelmäßig und unregelmäßig zufließenden Einkünfte, also insbesondere regelmäßige (Netto-)Arbeitseinkünfte (nach Abzug beruflicher Aufwendungen), Sonderzahlungen, Sozialleistungen, BAföG-Leistungen (auch: Darlehenszahlungen) und anderes. Darüber hinaus muss seitens des ggf. Unterhaltsberechtigten ein umfassender Einsatz seiner Arbeitskraft erfolgt sein, wobei ein strengerer Maßstab als beim Unterhalt des geschiedenen Ehegatten nach §§ 1569 ff. angelegt wird. Derjenige, der Unterhalt nach den §§ 1601 ff. begehrt, muss deshalb äußerste Anstrengungen unternommen haben (BGHZ 93, 123) bzw. – ggf. sogar bundesweit – unternehmen, um Arbeit zu finden. Er muss praktisch jede zumutbare Arbeit annehmen, ggf. auch unterhalb seines Ausbildungs- oder bisherigen Beschäftigungsniveaus (vgl. OLG Karlsruhe FamRZ 1988, 758). Eine wichtige Ausnahme von diesen Grundsätzen besteht mit Blick auf in Ausbildung befindliche, ggf. auch volljährige Personen nach § 1610 Abs. 2.

Eine weitere Ausnahme von § 1602 Abs. 1 statuiert sodann mit Blick (nur!) auf minderjährige und unverheiratete Kinder der § 1602 Abs. 2. Danach braucht ein solches Kind, ggf. neben seinem Einkommen (z. B. als Auszubildender), lediglich die Zinsen aus einem eventuell vorhandenen, etwa ererbten Vermögen einzusetzen, nicht jedoch auch den Stamm dieses Vermögens, das einem solchen Kind bis zur Volljährigkeit bzw. bis zur Eheschließung insoweit erhalten bleiben soll.

In welcher konkreten Höhe ein Unterhaltsanspruch besteht, ergibt sich nicht aus dem Gesetz, sondern ist im Einzelfall durch das Familiengericht zu entscheiden. Die Familiengerichte orientieren sich dabei in der Regel an den Richtlinien der Düsseldorfer Tabelle oder anderer Empfehlungen (siehe dazu Kapitel 6.1.3).

5.1.3   Leistungsfähigkeit des Unterhaltsverpflichteten

Schließlich setzt der Anspruch auf Verwandtenunterhalt nach den §§ 1601 ff. immer auch voraus, dass der in Anspruch Genommene auch leistungsfähig ist. Dies ist gemäß § 1603 Abs. 1 lediglich derjenige nicht, „wer bei Berücksichtigung seiner sonstigen Verpflichtungen außerstande ist, ohne Gefährdung seines angemessenen Unterhalts den Unterhalt zu gewähren." Leistungsfähigkeit des Unterhaltsverpflichteten nach § 1603 Abs. 1 bedeutet:

- Einsatz von Vermögen, Einkommen und Arbeitskraft,
- Berücksichtigung seiner sonstigen Verpflichtungen und
- keine Gefährdung seines (eigenen) angemessenen Unterhalts.

Hinsichtlich des Einsatzes von Einkommen, Vermögen und Arbeitskraft (des ggf. Unterhaltspflichtigen) gelten zunächst gleichsam „spiegelbildlich" dieselben strengen Maßstäbe wie auf der Seite des (ggf.) Bedürftigen (siehe dazu Kapitel 5.1.2). Einem nach § 1603 Abs. 1 Verpflichteten wird z. B. auch ein ggf. zwecks Arbeitsaufnahme erforderlicher Wohnortwechsel oder die Aufnahme zusätzlicher Gelegenheits- und Aushilfstätigkeiten zugemutet, so dass dessen berufliche Dispositions- und persönliche Entfaltungsmöglichkeiten weit gehend hinter der Verantwortung für die / den Bedürftigen (zumeist: für Kinder) zurücktreten (vgl. OLG Brandenburg ZfJ 2001, 159). Unter Umständen besteht sogar eine Verpflichtung zur Fortsetzung der bisherigen Berufstätigkeit in gefährlichen Ländern (Kammergericht Berlin JAmt 2013, 483). Wird eine mögliche Erwerbstätigkeit nicht ausgeübt, werden die entsprechenden Einkünfte fiktiv hinzugerechnet, die hätten erzielt werden können (vgl. Rechtsprechungsübersicht FamRZ 1991, 125).

Allerdings sind gemäß § 1603 Abs. 1 auf der Seite des Unterhaltsverpflichteten auch dessen „sonstige Verpflichtungen" zu berücksichtigen. Dies sind andere gleichrangige private Unterhaltsverpflichtungen (z. B. für Ehepartner und weitere Kinder), öffentlich-rechtliche Verpflichtungen (z. B. zur Zahlung von Steuern und Sozialbeiträgen) sowie „akzeptable" Schulden (z. B. mit Blick auf die Familienwohnung, nicht jedoch mit Blick auf die Abzahlung von später erworbenen Luxus-Autos etc.).

Des Weiteren darf der (ggf.) Unterhaltspflichtige gemäß § 1603 Abs. 1 nicht „außerstande" sein, „ohne Gefährdung seines angemessenen Unterhalts" den Unterhalt zu gewähren. Ihm verbleibt also, damit er nicht selbst sozialleistungsbedürftig würde, ein im Gesetz nicht näher bezifferter Eigenbedarf (Selbstbehalt), dessen konkrete Höhe ggf. ebenfalls durch das Familiengericht festzusetzen ist, das sich auch hier zumeist an den Richtlinien der Düsseldorfer Tabelle oder ähnlicher Empfehlungen (siehe Kapitel 6.1.3) orientiert.

Vertiefung: Die ohnehin schon strengen Maßstäbe des § 1603 Abs. 1 werden in § 1603 Abs. 2 mit Blick auf „Mangelsituationen" noch weiter verschärft. Handelt es sich nämlich um Unterhaltspflichten für minderjährige unverheiratete oder ihnen in § 1603 Abs. 2 Satz 2 gleichgestellte Kinder, so müssen die Eltern „alle verfügbaren Mittel zu ihrem und der Kinder Unterhalt gleichmäßig... verwenden", ggf. auch unter Unterschreitung des Eigenbedarfes des Unterhaltspflichteten nach § 1603 Abs. 1 – und mit der praktisch häufigen Konsequenz, dass alle Familienmitglieder (teilweise) sozialleistungsbedürftig werden. Die komplizierten Regelungen des § 1603 Abs. 2, mit Ausnahmen gemäß Satz 3, sind in der Übersicht 18 aufgeführt.

Vertiefung: Besonderheiten nach § 1603 Abs. 2

Übersicht 18

Es muss sich handeln um

– minderjährige unverheiratete Kinder (§ 1603 Abs. 2 Satz 1),
– oder volljährige unverheiratete Kinder unter 21 Jahren im Haushalt der Eltern und in allgemeiner Schulausbildung (§ 1603 Abs. 2 Satz 2).

Wenn die Eltern solcher Kinder nicht (in vollem Umfang) leistungsfähig sind, gilt für diese „Mangelfälle" folgendes:

1. Ggf. ist zunächst Unterhalt durch andere, eigentlich nachrangig Unterhaltsverpflichtete zu leisten (§ 1603 Abs. 2 Satz 3, 1. Halbsatz).
2. Ggf. ist zunächst der Einsatz (auch) des Stammes des Vermögens des Kindes geboten (§ 1603 Abs. 2 Satz 3, 2. Halbsatz).
3. Letztendlich sind jedoch alle verfügbaren Mittel „gleichmäßig zu verwenden" („Notgemeinschaft") (§ 1603 Abs. 2 Satz 1 und 2).

5.2 Rangfolge beim Verwandtenunterhalt

Liegen die Voraussetzungen der §§ 1601, 1602 und 1603 vor, sind häufig – aber nicht immer! – weitere Detailprüfungen nach den nunmehr folgenden Vorschriften erforderlich.

5.2.1 Rangfolge mehrerer Unterhaltsverpflichteter

Es ist häufig so, dass bei mehreren Verwandten in gerader Linie (§§ 1601, 1589 Satz 1) auch mehrere Unterhaltsverpflichtete vorhanden sind. In den §§ 1608 Satz 1, 1606 und 1607 werden deshalb die Regelungen für „Konkurrenzfälle" getroffen, die in der Übersicht 19 aufgeführt sind.

Rangfolge mehrerer Unterhaltsverpflichteter

Übersicht 19

1. Ehegatte (§ 1608 Satz 1)
2. Abkömmlinge (§ 1606 Abs. 1) und zwar generationsweise (§ 1606 Abs. 2) („die Näheren vor den Entfernteren") und ggf. anteilig (§ 1606 Abs. 3 Satz 1)
3. Verwandte aufsteigender Linie (§ 1606 Abs. 1) und zwar ebenfalls generationsweise (§ 1606 Abs. 2) („die Näheren vor den Entfernteren") und ggf. anteilig (§ 1606 Abs. 3 Satz 1).

5.2.2 Rangfolge mehrerer Unterhaltsberechtigter

Sehr häufig gibt es andererseits auch mehrere Unterhaltsberechtigte, denen allen der Unterhaltsverpflichtete grundsätzlich Unterhalt zu leisten hat. Sollte er dazu jedoch ausnahmsweise wegen eingeschränkter Leistungsfähigkeit (§ 1603) nicht in der Lage sein, gibt § 1609 folgende Rangfolge der Unterhaltsberechtigten vor (siehe Übersicht 20).

**Rangfolge mehrerer Unterhaltsberechtigter
(§ 1609 Nrn. 1 bis 7)**

Übersicht 20

1. Minderjährige, unverheiratete Kinder und Kinder nach § 1603 Abs. 2 Satz 2
2. vorrangige Elternteile und Ehegatten
3. andere Ehegatten
4. Kinder, die nicht unter Nr. 1 fallen
5. Enkelkinder und weitere Abkömmlinge
6. Eltern
7. Weitere Verwandte der aufsteigenden Linie

5.3   Beschränkung oder Wegfall der Verpflichtung

Vertiefung: In deutlich geringerem Ausmaß als im Falle des § 1579 (bei geschiedenen, früheren Eheleuten) gibt es auch beim Verwandtenunterhalt ggf. eine Beschränkung oder einen Wegfall der Verpflichtung gemäß § 1611 Abs. 1, wenn eine Unterhaltsverpflichtung bei schweren Verfehlungen des/der Unterhaltsberechtigten als (grob) unbillig erschiene. Dies ist regelmäßig nur bei einer tiefgreifenden Beeinträchtigung schutzwürdiger wirtschaftlicher Interessen oder persönlicher Belange des Unterhaltspflichtigen der Fall (BGH FamRZ 2014, 541). Die praktische Relevanz dieser Vorschrift ist allerdings nicht sehr groß, denn diese gilt gemäß Absatz 2 nicht für den häufigsten Fall des Verwandtenunterhaltsanspruchs, nämlich dem von minderjährigen unverheirateten Kindern gegenüber ihren Eltern. Diese behalten ihren Unterhaltsanspruch, auch wenn sie sich schwere Verfehlungen gegenüber dem Unterhaltspflichtigen haben zuschulden kommen lassen.

📖 Literatur

siehe Kapitel 3 und 6

Fall 5: Doppelter Verwandtenunterhalt

Der 17 Jahre alte Martin (M) ist Auszubildender, wohnt in einem Lehrlings-
heim und erhält als Ausbildungsvergütung 300 Euro monatlich. Von seiner
Tante hat er 8.000 Euro geerbt, die er in Pfandbriefen angelegt hat. Hieraus bekommt er im Jahr ca. 400 Euro Zinsen. Albert (A), der Großvater von
M, ist Frührentner mit einer sehr kleinen Rente. Er wohnt in einem kleinen
Fachwerkhäuschen, das ihm gehört, und er hat eines der Zimmerchen
für 150 Euro an einen Studenten vermietet. Siegfried (S), der Vater von M
bzw. der Sohn von A, ist wohlhabender Kaufmann. Beide fordern von S
Unterhalt. Dieser weigert sich und verweist sie auf deren Einkünfte bzw.
auf ihr Vermögen.

Können M und A dennoch von S Unterhalt fordern?

6 Verwandtenunterhalt II und Unterhalt aus Anlass der Geburt

6.1 Art, Maß und Höhe des Unterhalts

6.1.1 Art der Unterhaltsgewährung

Verwandtenunterhalt ist gemäß § 1612 Abs. 1 grundsätzlich durch Entrichtung einer Geldrente zu gewähren, die nach § 1612 Abs. 3 Satz 1 monatlich im Voraus zu zahlen ist. Diese Regelung ist mit Blick insbesondere auf kleinere Kinder unpraktikabel. Andererseits fordern unterhaltsberechtigte ältere und volljährige Kinder, die das Elternhaus verlassen wollen oder verlassen haben, zumeist Unterhaltszahlungen von den Eltern als Geldrente, was diese regelmäßig finanziell stärker belastet, als wenn die Kinder weiterhin zu Hause wohnten. Häufig sind deshalb einerseits die berechtigten Interessen der Eltern an einer für sie „wirtschaftlichen" Unterhaltsgewährung und andererseits die Interessen älterer, ggf. erwachsener Kinder im Hinblick auf eine selbstständige Lebensführung gegeneinander abzuwägen. Der Gesetzgeber hat deshalb in § 1612 Abs. 2 Satz 1 (nur!) für unverheiratete, minderjährige und volljährige Kinder die in Übersicht 21 dargestellte differenzierte Regelung getroffen. (vgl. auch BGH FamRZ 1983, 369; 1984, 37; 1988, 831; BGHZ 104, 224; OLG Celle FamRZ 2001, 116, sowie ZKJ 2007, 31; OLG Frankfurt/Main FamRZ 2001, 116)

Unterhalt für unverheiratete Kinder

Übersicht 21

1. Grundsatz: Bestimmungsrecht der Eltern über die Art der Unterhaltsgewährung (zumeist „Naturalunterhalt"), (§ 1612 Abs. 2 Satz 1),
   Dabei: gebotene Rücksicht auf Belange des Kindes.

2. Ausnahmen vom Bestimmungsrecht wurden von der Rechtsprechung z.B. in folgenden Fällen anerkannt (dann: Geldrente):

- Zerstörung des Vertrauensverhältnisses oder tief greifende Entfremdung zwischen Eltern und Kind,
- tägliche Reisezeit vom Wohnort der Eltern zum Studienort von mindestens drei Stunden Dauer insgesamt oder
- andere gravierende Fälle der Unzumutbarkeit des weiteren Lebens in der elterlichen Wohnung.

Vertiefung: Zusätzlich kompliziert wird die Situation häufig dann, wenn das (eheliche oder nichteheliche) Kind nach Trennung der Eltern im Haushalt des einen Elternteils lebt und von dem anderen Elternteil Verwandtenunterhalt in Form der Zahlung einer Geldrente verlangt. Verweigert der Unterhaltsverpflichtete die Unterhaltszahlung, müsste er ggf. vom Familiengericht dazu verurteilt werden, und dies im Laufe der Jahre ggf. immer wieder aufgrund von so genannten Abänderungsklagen des Kindes gegen die/den Unterhaltsverpflichtete(n), wenn sich die Verhältnisse (z. B. aufgrund des Älterwerdens des Kindes) verändert haben.

Um in solchen Fällen die Unterhaltsfestsetzung zu vereinfachen, kann das Kind aufgrund von § 1612a auch „dynamisierte" Unterhaltszahlungen verlangen, und zwar als Prozentsätze des jeweiligen „Mindestunterhalts", der dem doppelten Freibetrag für das sächliche Existenzminimum (Kinderfreibetrag) nach § 32 Abs. 6 Satz 1 des Einkommensteuergesetzes entspricht (siehe dazu Übersicht 22).

Das genannte „sächliche Existenzminimum" beläuft sich seit dem 01.10.2010 auf jährlich 4.368 € (= 2x 2.184 €), monatlich rechnerisch 364 €.

Unterhalt für minderjähriges Kind gemäß § 1612a Abs. 1 (Sätze ab 01.10.2010)

Übersicht 22

Ein minderjähriges Kind kann monatlich von einem Elternteil, mit dem es nicht in einem Haushalt lebt, Unterhalt als Prozentsatz des jeweiligen Mindestunterhalts verlangen wie folgt:

1. im Alter bis zu fünf Jahren 87% (= 317 €),

2. im Alter von sechs bis zu elf Jahren 100% (= 364 €) und

3. im Alter ab 12 Jahre 117% (= 426 €) eines Zwölftels des doppelten jährlichen Kinderfreibetrags.

Allerdings ist dieses vereinfachte Verfahren gemäß § 249 Abs. 1 FamFG nur bis zum 1,2-fachen (= 120%) des Mindestunterhalts nach § 1612a Abs. 1 zulässig.

6.1.2   Maß des Unterhalts

Gemäß § 1610 Abs. 1 bestimmt sich das Maß des zu gewährenden Unterhalts nach der Lebensstellung des Bedürftigen („angemessener Unterhalt"). Der Unterhalt umfasst gemäß § 1610 Abs. 2 den gesamten Lebensbedarf des Unterhaltsberechtigten und damit grundsätzlich alles, was dieser zum Leben („nach der Lebensstellung . . .") benötigt. In der Praxis orientieren sich die Gerichte dabei an den Werten z. B. nach der Düsseldorfer Tabelle (siehe Kapitel 6.1.3). Bestandteile des nach § 1610 Abs. 2 geschuldeten Unterhalts sind auch die „Kosten einer angemessenen Vorbildung zu einem Beruf", ggf. auch bis ins Erwachsenenalter hinein. Während dieser Zeit wird Auszubildenden die Aufnahme einer eigenen Erwerbstätigkeit grundsätzlich nicht zugemutet.

Die jeweilige Ausbildung soll den Neigungen und Fähigkeiten des jungen Menschen entsprechen und zügig (vgl. BGH FamRZ 1984, 777; 1998, 671) betrieben werden (bei Berücksichtigung individueller Umstände). Eine nachhaltige Vernachlässigung des Studiums, die nicht auf Krankheit oder anderen gewichtigen Gründen beruht, führt zum Verlust des Anspruchs auf Ausbildungsfinanzierung, ebenso eine lange Verzögerung des möglichen Ausbildungsbeginns (Schwab 2013b, Rz. 887, 888; BGH FamRZ 2000, 420; 2011, 1560). Ggf. ist ein Fachwechsel zu akzeptieren, wenn die begonnene und abgebrochene Ausbildung auf einer Fehleinschätzung der Begabungen und Neigungen beruhte (BGH FamRZ 1991, 322; 1993, 1057; 2000, 420). Die Ausbildung ist für eine angemessene Dauer durch die Unterhaltsverpflichteten in den Grenzen des für sie wirtschaftlich Zumutbaren zu gewährleisten. Geschuldet ist von diesen die Übernahme der Kosten einer (!) angemessenen Vorbildung zu einem Beruf. Grundsätzlich nicht geschuldet sind darüber hinaus die Kosten einer eventuellen Zweitausbildung, mit bislang nur sehr wenigen von der Rechtsprechung anerkannten Ausnahmen (BGHZ 107, 376; NJW 1989, 2253; FamRZ 1989, 853; 1991, 322; 1992, 502; FamRZ 1992, 1407: kein Jurastudium für Speditionskaufmann!; FuR 2006, 361; FamRZ 2001, 1601; BGH NJW 2006, 2984 – kein Abitur-Lehre-Studium-Fall).

Ausbildungskosten nach § 1610 Abs. 2 BGB
(Rechtsprechung BGH seit 1989)

Übersicht 23

1. Grundsatz: Eine Ausbildung, die mit Blick auf Begabung, Neigung und Leistungswillen angemessen ist.

2. Ausnahme (dann: auch „Zweitausbildung"), wenn:
   - Ausbildungsgang Abitur-Lehre-Studium (in dieser Reihenfolge),
   - enger sachlicher Zusammenhang (Abi, Bauzeichner, Architekturstudium) und enger zeitlicher Zusammenhang
   - und wenn dies den Eltern wirtschaftlich zumutbar ist.

3. Weitere (sehr seltene) Ausnahme, wenn:
   - Ausbildungsgang Realschule, Lehre, Fachoberschule, Fachhochschule
   - und wenn bereits zu Beginn der praktischen Ausbildung erkennbar ein Studium angestrebt wurde (!)
   - und wenn dies den Eltern wirtschaftlich zumutbar ist.

Strittig ist, ob es sich bei den neuen Bachelor- und Masterstudiengängen um zwei selbständige, jeweils berufsqualifizierende Ausbildungen oder um einen einheitlichen Ausbildungsgang handelt – Letzteres mit der Konsequenz, dass Unterhaltspflichtige auch die Finanzierung des auf dem Bachelorstudiengang aufbauenden Masterstudiengangs schulden (dazu Liceni-Kierstein 2011, 526529).

6.1.3 Höhe des Unterhalts und die Düsseldorfer Tabelle

Zur Frage der konkreten Höhe des Unterhalts enthält § 1610 Abs. 1 lediglich den Hinweis: „bestimmt sich nach der Lebensstellung des Bedürftigen (angemessener Unterhalt)".

Der jeweils im Einzelfall in Euro-Beträgen festzusetzende, konkrete Unterhalt ist sodann von den Familiengerichten unter Würdigung aller relevanten Umstände und der Belange der Beteiligten festzusetzen. Das BGB enthält insoweit über die sehr allgemeine Bestimmung des § 1610 hinaus keine weiteren Detailregelungen, so dass das Verwandtenunterhaltsrecht weit gehend durch die Rechtsprechung der Familiengerichte, insbesondere des Bundesgerichtshofs und der Familiensenate der Oberlandesgerichte, geprägt ist. Die Familiengerichte orientieren sich bei ihren Entscheidungen aber in erheblichem Umfange an Richtlinien wie

z. B. der (von Richtern nordrhein-westfälischer Oberlandesgerichte entwickelten) so genannten Düsseldorfer Tabelle, der Berliner Tabelle oder ähnlicher Empfehlungen, die jedoch keine Gesetzeskraft haben. Diese Empfehlungen sind auch in den üblichen Gesetzessammlungen mit abgedruckt.

Die Düsseldorfer Tabelle enthält u. a. detaillierte Empfehlungen betreffend

A. den Kindesunterhalt nach §§ 1601 ff. (mit einer detaillierten Tabelle mit Euro-Beträgen in Anlehnung an die Beträge der Regelbetrag-Verordnung).

B. den Ehegattenunterhalt sowohl nach § 1361 (bei Getrenntleben) als auch nach §§ 1569 ff. (nach Scheidung), u. a. mit der wichtigen Empfehlung der Quotierung 4/7 zu 3/7 im Verhältnis von Unterhaltsverpflichtetem und Unterhaltsberechtigtem sowie mit Empfehlungen betreffend den notwendigen Eigenbedarf des Unterhaltsverpflichteten (Selbstbehalt) und des Unterhaltsberechtigten (Existenzminimum).

C. Mangelfälle, bei denen nicht alle Unterhaltsverpflichtungen gleichzeitig erfüllt werden können (vergl. dazu das Beispiel in Teil C. der Düsseldorfer Tabelle).

D. den Verwandtenunterhalt (u. a. mit Empfehlungen für einen erhöhten Selbstbehalt des Unterhaltsverpflichteten gegenüber seinen ggf. unterhaltsberechtigten Eltern und betreffend Unterhalt nach § 1615l; siehe dazu Kapitel 6.3).

Wesentliche Anwendungsprinzipien der Düsseldorfer Tabelle, die in der Regel alle zwei Jahre überarbeitet wird, sollen anhand des folgenden Beispiels verdeutlicht werden.

Wesentliche Prinzipien der Düsseldorfer Tabelle

Beispiel

Beispiel: Unterhaltsverpflichteter (allein verdienend), unterhaltsberechtigter geschiedener Ehegatte (§§ 1569 ff.) und zwei unterhaltsberechtigte Kinder (§§ 1601 ff.)

Rechengang:

1. Jahres-Bruttoeinkommen (Ausgangspunkt)

2. minus Steuern, Vorsorgeaufwendungen/Sozialversicherung und berufsbedingte Aufwendungen etc.
3. ergibt: Netto-Einkommen als Monatseinkommen incl. 1/12 von Einmalzahlungen
4. minus Unterhaltsbeträge für Kinder (laut Teil A)
5. minus anrechnungsfähige Schulden (ggf.)
6. ergibt: „Verteilungsmasse" zwischen früheren Ehegatten (vgl. Teil B):
6.1 bei Erwerbseinkommen: 3/7 Unterhaltsberechtigter, 4/7 Unterhaltsverpflichteter (dieser behält jedoch zumindest den notwendigen Eigenbedarf!);
6.2 bei anderen Einkünften (z. B. Miete, Zinsen) und wenn keiner erwerbstätig ist: 50 : 50%
7. Allerdings: Dem Unterhaltsverpflichteten verbleibt gemäß Teil B ein monatlicher Eigenbedarf („Selbstbehalt") in Höhe von seit dem Jahre 2013: 1100 € gegenüber dem geschiedenen Ehegatten, es sei denn, es handelt sich um einen „Mangelfall" nach Teil C.

6.1.4 Deckung des Barbedarfs durch Kindergeld

Vertiefung: Das Kindergeld stellt eine staatliche Leistung für das Kind an die Eltern dar (§ 62 Abs. 1 EStG, § 1 BKGG). Es ist gemäß § 1612b Abs. 1 Satz 1 „zur Deckung des Barbedarfs des Kindes" zur Hälfte (Nr. 1) oder vollständig (Nr. 2) zu verwenden. Es mindert in diesem Umfang den Barbedarf des Kindes (Satz 2) und deshalb im Ergebnis die Unterhaltsverpflichtung.

6.2 Beginn und Ende des Unterhaltsanspruchs

Der Unterhaltsanspruch entsteht, sobald dessen Voraussetzungen nach den §§ 1601 ff. erfüllt sind. Für die Vergangenheit kann Verwandtenunterhalt allerdings nur in den Fällen des § 1613 verlangt werden, insbesondere also, wenn der Unterhaltsverpflichtete in Verzug gekommen oder gar verklagt worden ist. Für die Zukunft kann auf Verwandtenunterhalt gemäß § 1614 nicht verzichtet werden, auch weil sonst „willkürlich" Sozialleistungsbedürftigkeit ausgelöst werden könnte. Schließlich erlischt der Unterhaltsanspruch gemäß § 1615 Abs. 1 grundsätzlich mit dem

Tode des Unterhaltsberechtigten oder des Unterhaltsverpflichteten und im Übrigen dann, wenn die gesetzlichen Voraussetzungen der §§ 1601 ff. nicht mehr erfüllt sind.

6.3   Unterhalt aus Anlass der Geburt

Im Falle der Geburt eines Kindes hätte eine nicht mit dem Vater verheiratete Mutter – anders als das Kind – weder nach den §§ 1601 ff. Unterhaltsansprüche gegen den Vater (mangels Verwandtschaft mit ihm) noch im Übrigen solche nach den §§ 1360, 1361, 1569 ff. (mangels Ehe). Die hier sonst entstehende Lücke schließt § 1615l (siehe dazu Übersicht 24). Danach bestehen für einen kurzen Zeitraum unmittelbar vor und nach der Geburt gemäß § 1615l Abs. 1 immer, gemäß Abs. 2 Satz 2 (wie im Falle des § 1570!) bei Pflege und Erziehung des Kindes grundsätzlich für drei Jahre sowie nach Satz 4 eventuell auch noch für längere Zeiträume Unterhaltsansprüche der Mutter gegenüber dem Vater, übrigens gemäß § 1615l Abs. 4 in bestimmten Fällen ggf. auch umgekehrt. Voraussetzung ist allerdings jeweils, dass im Rechtssinne die Frau die Mutter (§ 1591) und der Mann der Vater (§§ 1592 ff.) ist.

Unterhaltsansprüche aus Anlass der Geburt eines Kindes

Übersicht 24

1. **immer** (§ 1615l Abs. 1) sechs Wochen vor und acht Wochen nach der Geburt des Kindes, **eventuell** länger (Abs. 2 Satz 1),

2. **grundsätzlich** (§ 1615l Abs. 2 Satz 2/3) bis zu drei Jahre bei Pflege und Erziehung des Kindes,

3. **eventuell** (§ 1615l Abs. 2, letzter Halbsatz) noch länger bei Billigkeit,

sofern: jeweils Bedürftigkeit und Leistungsfähigkeit (wie beim Verwandtenunterhalt; vgl. § 1615l Abs. 3 Satz 1) ebenfalls gegeben sind.

Vertiefung: Aufgaben der Kinder- und Jugendhilfe im Zusammenhang mit Unterhaltsfragen

1. Beratung und Unterstützung von Müttern und Vätern bei der Geltendmachung von Unterhalts- und Unterhaltsersatzansprüchen von Kindern und Jugendlichen (§ 18 Abs. 1 Nr. 1 und § 52a SGB VIII)
2. Beratung und Unterstützung von allein sorgeberechtigten Müttern bei der Geltendmachung von Ansprüchen nach § 1615-l (§ 18 Abs. 1 Nr. 2 SGB VIII)
3. Beratung und Unterstützung von jungen Volljährigen bei der Geltendmachung von Unterhalts- und Unterhaltsersatzansprüchen (§ 18 Abs. 4 SGB VIII)
4. Beratung und Unterstützung bei der Geltendmachung von Unterhaltsansprüchen durch das Jugendamt als Beistand (§§ 1712 bis 1717; siehe Kapitel 11.3)
5. (Kostenfreie) Beurkundung von Verpflichtungen zur Erfüllung von Unterhaltsansprüchen (§ 59 Abs. 1 Satz 1 Nr. 3 und 4 SGB VIII)
6. Zahlung von Unterhaltsvorschussleistungen an Kinder unter zwölf Jahren, längstens für insgesamt 72 Monate, nach dem Unterhaltsvorschussgesetz (§§ 1, 2, 3 UVG)

📖 Literatur

Siehe auch Literatur bei Kapitel 3!

Dose, H.-J. (Hrsg.), Wendl, P., Staudigl, S. (2011): Das Unterhaltsrecht in der familienrichterlichen Praxis. 8. Aufl.

Heiß, B., Born, W. (Hrsg.) (2013): Unterhaltsrecht. Ein Handbuch für die Praxis. 44. Aufl.

Kalthoener, E., Büttner, H., Niepmann, B. (2013): Die Rechtsprechung zur Höhe des Unterhalts. 12. Aufl.

Köhler, W. (Hrsg.), Luthin, H., Kamm, M. (2012): Handbuch des Unterhaltsrechts. 12. Aufl.

Fall 6: Studentenunterhalt

Der 20-jährige FH-Student der Sozialarbeit Karl (K) wohnt bei seinen Eltern und wird von diesen voll unterhalten. Seit seiner Pubertät hatte er häufig Auseinandersetzungen mit seinen Eltern, die ihm wegen seiner Freundinnen Vorhaltungen machten. Jetzt hat K sich einer Gruppe angeschlossen, die in einer Wohngemeinschaft zusammenwohnen will. Er zieht zu Hause aus und verlangt von seinen Eltern die Auszahlung des Unterhalts in Geld. Die Eltern weigern sich mit dem Verweis darauf, dass ihm zu Hause kostenlos ein Zimmer, Beköstigung und eine Waschmaschine zur Verfügung stünden.

1. Hat K eine Möglichkeit, seinen Wunsch durchzusetzen,
a) wenn die FH von der elterlichen Wohnung in 30 Minuten erreichbar wäre,
b) wenn die tägliche Fahrtzeit insgesamt 3,5 Stunden betrüge?

2. Wäre es anders, wenn er die gleichaltrige Eva (E) geheiratet hätte?

3. Wie wäre es, wenn K minderjährig wäre, seine Eltern geschieden wären, er bei seiner allein sorgeberechtigten Mutter lebte und sein unterhaltspflichtiger Vater ihm Naturalunterhalt anböte?

4. Wie wäre es, wenn in Konstellation 3 die Eltern ebenfalls getrennt lebten und beide noch das Sorgerecht hätten?

Gesetzt den Fall, K studierte in einer 300 km vom Wohnort der Eltern entfernten Stadt und er verlangte von seinen Eltern für folgende Angelegenheiten Unterhalt:

5. die Miete für das Zimmer, das er sich genommen hat,

6. die Kosten des Studiums (Bücher, Studiengebühren etc.),

7. den Unterhalt für seine Frau, die sich aus BAföG-Mitteln neben ihm ein Zimmer gemietet hat,

8. die Kosten für Ernährung, Körperpflege, Taschengeld,

9. die monatlichen Raten, die er zur Abzahlung eines Darlehens aufbringen muss,

10. einen monatlichen Betrag für eine Lebensversicherung zu Gunsten seiner Frau.

K möchte die sich hieraus errechnete Summe vierteljährlich im Voraus. Was müssen die Eltern bezahlen?

7 Elterliche Sorge I

Kernbereiche des Kindschaftsrechts sind die Regelungen des BGB über Verwandtschaft und Abstammung (Kapitel 4) sowie über die elterliche Sorge und den Umgang mit dem Kind (Kapitel 7 bis 10), die mit Blick auf deren herausragende Bedeutung für die Soziale Arbeit zusammen mit dem Verwandtenunterhalt (Kapitel 5 und 6) im Mittelpunkt der Darstellungen in diesem Buch stehen. Für das Rechtsverhältnis zwischen den Eltern und dem Kind im Allgemeinen gibt es darüber hinaus noch einige wenige Regelungen in den §§ 1616 bis 1625.

7.1 Allgemeine Regelungen

7.1.1 Name(n) des Kindes

Das Kind erhält seine(n) Vorname(n) durch Bestimmung der Eltern, ohne dass das BGB dafür Vorschriften enthält.

Für die Bestimmung des Nachnamens eines Kindes trifft das BGB allerdings umfangreiche Regelungen, die zudem in den letzten Jahren wiederholt geändert worden sind. Haben die Eltern gemäß § 1355 Abs. 1 einen Ehenamen gewählt (vgl. Kapitel 2.3.2), erhält auch das Kind diesen Namen „automatisch" gemäß § 1616 als Geburtsnamen. Haben sie dies nicht getan, stellt das BGB darauf ab, wer das elterliche Sorgerecht innehat: Mutter und Vater gemeinsam oder einer allein (siehe dazu Kapitel 7.2.2). Bei gemeinsamer Sorge müssen sich die Eltern über den Namen des Kindes verständigen (§ 1617). Der insoweit bestimmte Name gilt dann auch für weitere Kinder (§ 1617 Abs. 1 Satz 3). Bei Nichteinigung entscheidet letztlich das Familiengericht (vgl. § 1617 Abs. 2).

Bei Alleinsorge erhält das Kind den Namen des/der Alleinsorgeberechtigten (§ 1617a Abs. 1) – oder unter bestimmten Voraussetzungen (notariell beurkundete Erklärung und Einwilligung des anderen Elternteils sowie des über 5 Jahre alten Kindes) ggf. auch den Namen des anderen Elternteils (§ 1617a Abs. 2). Außerdem gibt es darüber hinaus nicht wenige weitere Sonderregelungen (siehe dazu die Übersicht 25).

Der Geburtsname (Nachname) von Kindern der Eltern Schmidt / Schulz

Übersicht 25

1. Eltern haben **Ehenamen** Schmidt
   → Schmidt (§ 1616)

2. Eltern haben **Ehenamen** Schulz
   → Schulz (§ 1616)

3. **Kein Ehename sowie gemeinsame Sorge** der Eltern
   → Schmidt oder Schulz per Einigung der Eltern (§ 1617 Abs. 1)
   oder
   → Schmidt oder Schulz Bestimmung Familiengericht (§ 1617 Abs. 2)

4. **Kein Ehename sowie Alleinsorge**
   → Schmidt oder Schulz je nach Alleinsorge (§ 1617a Abs. 1)
   oder
   → Schmidt oder Schulz ggf. Name des anderen Elternteils (§ 1617a Abs. 2)

5. Sonderfälle / Namensänderung bei späteren Entwicklungen / Trennung / Scheidung (§§ 1617b, c; 1618)

6. Namensänderung (später) aus „wichtigem Grund" gemäß § 3 Namensänderungsgesetz (nur selten!)

7.1.2   Beistand und Dienstleistungen

Eltern und Kinder sind einander Beistand und Rücksicht „schuldig", heißt es lapidar in § 1618a. Diese Vorschrift, die zunächst nur eine Selbstverständlichkeit wiedergibt, begründet in dieser allgemeinen Form keine spezifischen Ansprüche zwischen Eltern und Kindern, ist jedoch ggf. Argumentationshilfe bei der Auslegung spezieller Rechtsnormen.

Vertiefung: Ausdruck der familiären Solidarität ist des Weiteren § 1619, aufgrund dessen das Kind verpflichtet ist, in einer seinen Kräften und seiner Lebensstellung entsprechenden Weise den Eltern „in ihrem Hauswesen und Geschäft Dienste zu leisten", solange es dort wohnt und von den Eltern erzogen oder unterhalten wird. Bei der Mithilfe zu Hause, im

Betrieb der Eltern oder in der Landwirtschaft ist auf die Belange des Kindes (vorrangig: Schule, Ausbildung) Rücksicht zu nehmen und sind Überforderung und Überanstrengung zu vermeiden (vgl. BGH FamRZ 1960, 359; 1998, 101).

7.2 Begriff, Erwerb und Ausübung der elterlichen Sorge

7.2.1 Begriff und Bestandteile der elterlichen Sorge

Elterliche Sorge ist ein Sammelbegriff für die wichtigsten privatrechtlichen Beziehungen zwischen Eltern und Kindern nach den §§ 1626 bis 1698b. Elterliche Sorge ist die wichtigste Funktion der elterlichen Verantwortung im Zusammenhang mit ihrem verfassungsrechtlich geschützten, Pflichten gebundenen Elternrecht nach Art. 6 Abs. 1 Satz 1 GG (siehe dazu Kapitel 1.2). Die umfassend angelegten Verpflichtungen im Rahmen der elterlichen Sorge zielen ab auf die Entwicklung von jungen Menschen zu eigenverantwortlichen und gemeinschaftsfähigen Persönlichkeiten (vgl. auch § 1 Abs. 1 SGB VIII).

Seit Inkrafttreten des BGB im Jahre 1900 bis in die 1960er Jahre war das Eltern-Kind-Verhältnis rechtlich und weit gehend auch tatsächlich durch ein „Über-Unterordnungsverhältnis" gekennzeichnet, das seinerzeit insoweit durchaus zutreffend durch den Rechtsbegriff „Elterliche Gewalt" zum Ausdruck gebracht wurde. Dieser Begriff wurde erst 1980 durch den nunmehr gültigen Begriff der „elterlichen Sorge" abgelöst und durch die Kindschaftsrechtsreform 1998 und die Einfügung partnerschaftlicher Beziehungsmerkmale in § 1626 Abs. 2 in die zurzeit gültige, modernen Anschauungen entsprechende Gesetzesform gebracht (dazu unten 7.2.3).

Grundtypen der elterlichen Sorge sind die **gemeinsame elterliche Sorge** durch beide Eltern und die **Alleinsorge** durch einen Elternteil.

Elterliche Sorge umfasst gemäß § 1626 Abs. 1 Satz 2 die Sorge für die Person (Personensorge) und das Vermögen des Kindes (Vermögenssorge). Daran knüpft gemäß § 1629 Abs. 1 Satz 1 jeweils die gesetzliche Vertretung an, so dass die elterliche Sorge die in Übersicht 26 aufgeführten Elemente beinhaltet.

Elterliche Sorge

- **Personensorge** § 1626 Abs. 1 sowie § 1629 (gesetzliche Vertretung)
- **Vermögenssorge** § 1626 Abs. 1 sowie § 1629 (gesetzliche Vertretung)

Übersicht 26

Man muss also unterscheiden zwischen:

1. Personensorge in tatsächlicher Hinsicht (siehe 7.3)
2. Gesetzlicher Vertretung in Personensorge-Angelegenheiten (siehe 8.2)
3. Vermögenssorge in tatsächlicher Hinsicht (siehe 8.1)
4. Gesetzlicher Vertretung in Vermögenssorge-Angelegenheiten (siehe 8.2)

Wer Inhaber der elterlichen Sorge ist, nimmt diese zumeist in allen vier in Übersicht 26 gekennzeichneten Dimensionen wahr. Allerdings muss dies – z. B. bei Minderjährigen – nicht immer der Fall sein, so dass gelegentlich Personensorge, Vermögenssorge und / oder die gesetzliche Vertretung auseinander fallen können.

Ist ein/e Minderjährige/r verheiratet (vgl. dazu § 1303 Abs. 2), beschränkt sich die Personensorge für diese/n Minderjährige/n gemäß § 1633 auf die Vertretung in den persönlichen Angelegenheiten. Mit anderen Worten: der/die verheiratete Minderjährige kann z. B. seinen / ihren Aufenthalt frei bestimmen und unterliegt nicht mehr dem tatsächlichen Personensorgerecht der Eltern, deren elterliche Sorge im Übrigen jedoch bis zur Volljährigkeit in vollem Umfang bestehen bleibt. Dies gilt, was häufig übersehen wird, auch für die tatsächliche Vermögenssorge und die gesetzliche Vertretung dabei, weil § 1633 insoweit keine von den §§ 1626, 1629 abweichende Regelung trifft.

Vertiefung: Unbeschadet der vorstehenden und nachfolgenden Darstellung des Sorgerechts von Eltern (Müttern und / oder Vätern) gibt es in eingeschränktem Umfange auch sorgerechtliche Befugnisse weiterer Personen (siehe dazu Übersicht 27).

So genannte „kleine Sorgerechte"

Übersicht 27

Dies betrifft Personen, die nicht Eltern bzw. nicht Sorgeberechtigte des Kindes sind:

1. Elternteil, der nicht Inhaber der elterlichen Sorge ist: Entscheidungsrechte in Angelegenheiten der tatsächlichen Betreuung des Kindes (unter bestimmten Voraussetzungen nach § 1687a)
2. Ehegatte eines allein sorgeberechtigten Elternteils, der selbst nicht Vater oder Mutter des Kindes ist: Mitentscheidungsrechte in Angelegenheiten des täglichen Lebens (§ 1687b)
3. Pflegeperson, insbesondere bei Vollzeitpflege nach § 33 SGB VIII: Entscheidungsrechte in Angelegenheiten des täglichen Lebens (§ 1688)
4. Lebenspartner (nach dem Lebenspartnerschaftsgesetz) eines allein sorgeberechtigten Elternteils: Mitentscheidungsrechte in Angelegenheiten des täglichen Lebens (§ 9 Abs. 1 und 2 LPartG)

7.2.2   Erwerb der elterlichen Sorge

Die Inhaberschaft der elterlichen Sorge – allein oder gemeinsam – setzt dreierlei voraus:

1. Inhaber der elterlichen Sorge kann/können nur sein:
   – Mutter und/oder
   – rechtlicher Vater.
   Es müssen also zunächst die Voraussetzungen von § 1591 bzw. §§ 1592 ff. erfüllt sein (siehe Kapitel 4.2).
2. Zusätzlich muss einer der fünf Erwerbstatbestände nach § 1626a erfüllt sein (siehe sogleich)
3. Schließlich darf die (erworbene!) elterliche Sorge nicht ruhen, beendet oder durch gerichtliche Entscheidung entzogen bzw. anderweitig zugeordnet sein (siehe dazu Kapitel 8.3, 9 und 10).

Von zentraler Bedeutung sind die folgenden fünf Erwerbstatbestände des § 1626a:

Erwerbstatbestand 1: Gemeinsame Sorge beider, bei der Geburt des Kindes miteinander verheirateter Eltern (§ 1626a Abs. 1 Umkehrschluss). Dieser „Hauptfall" wird vom Gesetzgeber als noch fast selbstverständlich vorausgesetzt und deshalb nur indirekt im Zusammenhang mit den weiteren vier Erwerbstatbeständen zum Ausdruck gebracht („Sind die Eltern nicht...").

Erwerbstatbestand 2: Gemeinsame Sorge beider, nicht miteinander verheirateter Eltern aufgrund von **Sorgeerklärungen** beider (!) Eltern (§ 1626a Abs. 1 Nr. 1). Sorgeerklärungen können bereits vor der Geburt des Kindes (§ 1626b Abs. 2) und ohne Einhaltung von Fristen abgegeben werden. Darüber hinaus bestehen nur wenige Formvorschriften (vgl. § 1626e!) mit Blick auf eine so verantwortungsvolle Entscheidung wie die der Übernahme der gemeinsamen Sorge für ein Kind, nämlich lediglich die folgenden:

• keine Bedingung oder Zeitbestimmung (§ 1626b Abs. 1),
• keine anderweitige gerichtliche Entscheidung nach den § 1626a Abs. 1 Nr 3, § 1671, 1696 Abs. 1 (§ 1626 b Abs. 3),
• persönliche Abgabe durch die Eltern (§ 1626c Abs. 1), also nicht durch eine andere Person in Vertretung der Eltern, ggf. mit Zustimmung des/der gesetzlichen Vertreter(s) bei einem beschränkt geschäftsfähigen, also minderjährigen Elternteil bzw. Ersetzung derselben durch das Familiengericht (§ 1626c Abs. 2), und
• öffentliche Beurkundung (§ 1626d Abs. 1) von Sorgeerklärungen und ggf. erforderlichen Zustimmungen, z. B. durch den Notar oder – kostenfrei – das Jugendamt (§ 59 Abs. 1 Satz 1 Nr. 8 SGB VIII!).

Erwerbstatbestand 3: Gemeinsame Sorge beider Eltern, die nach der Geburt des Kindes einander heiraten, ab dem **Zeitpunkt der Heirat** (§ 1626a Abs. 1 Nr. 2).

Erwerbstatbestand 4: Gemeinsame Sorge beider Eltern, soweit ihnen das **Familiengericht** gemäß § 1626a Abs. 1 Nr. 3 die elterliche Sorge gemeinsam **überträgt**. Aufgrund dieser Regelung kann der (rechtliche) Vater auch gegen den Willen der Mutter, die weder zu einer Heirat noch zur Abgabe einer Sorgeerklärung bereit ist, gemeinsam mit ihr die elterliche Sorge erlangen. Das Familiengericht überträgt auf **Antrag** gemäß § 1626a Abs. 2 Satz 1 die elterliche Sorge oder einen Teil derselben beiden Eltern gemeinsam, wenn die Übertragung dem Kindeswohl nicht **widerspricht**.

Vertiefung: Sind vom anderen Elternteil solche Gründe weder vorgetragen worden noch sonst ersichtlich, besteht gemäß § 1626a Abs. 2 Satz 2 die gesetzliche Vermutung, dass dies auch nicht der Fall ist; das Familiengericht soll gemäß § 155a Abs. 3 Satz 1 FamFG sodann im schriftlichen Verfahren (ohne Anhörung) auch zügig entscheiden. Zuvor erhält die Mutter Gelegenheit, innerhalb einer Frist von sechs Wochen nach der Geburt des Kindes zum Antrag des Vaters Stellung zu nehmen (§ 155a Abs. 2 Satz 2 FamFG). Diese Regelungen sind erst im Jahre 2013 geschaffen worden, nachdem bis dahin der Erwerb der gemeinsamen elterlichen Sorge immer auch die Zustimmung der Mutter vorausgesetzt hatte. Diese frühere Rechtssituation war sowohl nach Auffassung des Europäischen Gerichtshofs für Menschenrechte (FuR 2010, 214) als auch des Bundesverfassungsgerichts (FamRZ 2010, 1403) für verfassungswidrig erklärt worden, weil sie das Elternrecht des Vaters eines nicht ehelichen Kindes aus Art. 6 Abs. 2 Satz 1 GG verletzt hatte.

Erwerbstatbestand 5: Alleinsorge der Mutter (§ 1626a Abs. 3). Nr. 5 setzt „nur" voraus, dass keiner der vier erstgenannten Erwerbstatbestände vorliegt und beruht auch auf der Erwägung, dass die Mutter aus biologisch-sozialen Gründen mit dem Kind enger verbunden ist als der Vater.

7.2.3   Maßstäbe für die Ausübung der elterlichen Sorge

Wohl des Kindes: Zentrales Prinzip und durchgängiger Maßstab für die Ausübung der elterlichen Sorge ist das Wohl des Kindes – und nicht das Wohl der Sorgeberechtigten, wie dies generell in § 1697a und in zahlreichen weiteren Bestimmungen (vgl. z.B. §§ 1626 Abs. 3, 1626a Abs. 2, 1627, 1666, 1671, 1678 Abs. 2, 1680 Abs. 2, 1684 Abs. 4, 1685 Abs. 1, 1686, 1686a) formuliert ist. „Wohl des Kindes" ist ein unbestimmter Rechtsbegriff. Die Sorgeberechtigten und die Familiengerichte sollen diejenigen Entscheidungen treffen, die voraussichtlich den Interessen des Kindes am besten entsprechen und für seine Entfaltung und Entwicklung am ehesten förderlich sind. Was dies konkret bedeutet, kann nur mit Blick auf das einzelne Kind und die jeweiligen konkreten Umstände beurteilt und entschieden werden.

Entwicklungsstand und Bedürfnisse des Kindes: Auch diese sind wesentliche Parameter für die Wahrnehmung der elterlichen Sorge, wie bereits aus § 1626 Abs. 2 folgt. Reife und Selbstständigkeit werden nicht automatisch mit Vollendung des 18. Lebensjahres eintreten, sondern sind Ergebnisse eines allmählichen Prozesses. Dem sollen die Eltern durch schrittweises Einbeziehen der jungen Menschen in die für sie relevanten Entscheidungen Rechnung tragen und, wenn dies nach deren Entwicklungsstand angezeigt ist, Einvernehmen mit ihnen in Fragen der elterlichen Sorge anstreben. Auch dadurch wird der zentrale unbestimmte Rechtsbegriff „Kindeswohl" konkretisiert.

7.2.4 Ausübung gemeinsamer Sorge

Gegenseitiges Einvernehmen: Haben die Eltern die elterliche Sorge gemeinsam inne, so üben sie diese auch gemeinsam aus, und zwar gemäß § 1627 Satz 1 in eigener Verantwortung und in gegenseitigem Einvernehmen zum Wohl des Kindes. Bei Meinungsverschiedenheiten müssen sie versuchen, sich zu einigen (Satz 2).

Bei Nichteinigung Familiengericht: Können sich die Eltern in einer einzelnen Angelegenheit oder in einer bestimmten Art von Angelegenheiten der elterlichen Sorge für das Kind nicht einigen, so kann das Familiengericht auf Antrag eines Elternteils die Entscheidung einem Elternteil übertragen – also im Ergebnis faktisch entscheiden (§ 1628 Satz 1). Damit es insoweit allerdings nicht zu einer „Inflation" von Anträgen an die Familiengerichte bzw. zu einer Aushöhlung der Elternverantwortung kommt, gilt dies nur mit Blick auf Fragen „von erheblicher Bedeutung", wie z.B. die Entscheidung über den Besuch einer weiterführenden Schule oder die Berufswahl, über einen längeren Auslandsaufenthalt oder eine medizinisch riskante Operation (außer in Notfällen); vgl. dazu auch Kap. 9.2.

7.3   Personensorge

Die Personensorge betrifft umfassend alle Betreuungsaufgaben, die sich auf die Person (und nicht auf das Vermögen) des Kindes beziehen. Entsprechend ihrer Bedeutung im Bereich der Sozialen Arbeit wird sie hier ausführlicher als die Vermögenssorge dargestellt. Das Umgangsrecht ist Teil der (elterlichen) Personensorge, kann jedoch auch anderen Personen zustehen, die – als Eltern oder als andere Personen – nicht zugleich Inhaber der elterlichen Sorge sind (vgl. Kapitel 7.4); zur Personensorge siehe zunächst die Übersicht 28.

Personensorge (nach §§ 1631 ff.)

Wesentliche Inhalte
1. Erziehung und Pflege (§ 1631, § 1633)
2. Namensgebung (§§ 1616 ff.)
3. Beaufsichtigung, Aufenthaltsbestimmung, Verlangen der Herausgabe des Kindes (§ 1631, § 1632)
4. Persönlicher Umgang (§§ 1626 Abs. 3, 1684, 1685, 1686a)
5. Ausbildung und Beruf (§ 1631a)
6. Unterbringung mit Freiheitsentziehung (§ 1631b)
7. Gesundheit (§ 1631, § 1631c, § 1631d)
8. Zustimmung zur Eheschließung (§ 1303 Abs. 3)

Übersicht 28

Erziehung und Pflege des Kindes (§§ 1631, 1633): Erziehung und Pflege des Kindes ist der Kernbereich des elterlichen (Personen-)Sorgerechts und umfasst alles Tun und Unterlassen zum Wohl des Kindes mit dem Ziel seiner Entwicklung zu einer eigenverantwortlichen und gemeinschaftsfähigen Persönlichkeit. Entsprechend dem jeweiligen Alter des Kindes und seinem Entwicklungsstand stehen Liebe, Ernährung, Kleidung, Körper- und Gesundheitspflege, Schutz und Fürsorge, Setzen von Grenzen, Einübung von sozialen Normen und Werten, Ausüben von Vorbildfunktionen, Fördern der Gemeinschaftsfähigkeit, Bildung, Vermittlung von Wissen und praktischen Fähigkeiten etc. im Vordergrund. Im Verlaufe der Jahrzehnte haben sich dabei Erziehungsinhalte und -stile entsprechend den gesellschaftlichen Vorstellungen immer wieder verändert. Im zeitlichen Wandel waren autoritäre oder partnerschaftliche oder auch Laisser-faire-Grundhaltungen maßgebend.

Die den Eltern durch Art. 6 Abs. 2 Satz 1 GG auferlegte Pflicht zur Pflege und Erziehung ihres Kindes besteht nicht allein dem Staat, sondern auch dem Kind gegenüber. Mit dieser Pflicht korrespondiert (neben dem entsprechenden Elternrecht) auch ein Recht des Kindes auf Pflege und Erziehung durch seine Eltern (BVerfGE 121, 69, 70 = FamRZ 2008, 845).

Seit dem Ende des Jahres 2000 haben Kinder gemäß § 1631 Abs. 2 Satz 1 ein (schon zuvor immer wieder gefordertes) explizites „Recht auf gewaltfreie Erziehung", und nach Satz 2 sind körperliche Bestrafungen, seelische Verletzungen und andere entwürdigende Maßnahmen unzulässig. Die früher üblichen Prügelstrafen sind danach – wie auch Ohrfeigen und sonstige Schläge, wie auch etwa der „Klaps auf den Po" – spätestens seit Ende 2000 unzulässig. Bei Verstößen dagegen kann dies Konsequenzen u. a. im Strafrecht und im Zusammenhang mit Fragen der Entziehung oder Einschränkung von Sorgerechten nach § 1666 (vgl. dazu Kapitel 10) nach sich ziehen.

Beaufsichtigung / Aufenthaltsbestimmung (§§ 1631, 1631b, 1632):
Gemäß § 1631 Abs. 1 umfasst die Personensorge auch das Recht und vor allem die Pflicht, die / den Minderjährigen zu beaufsichtigen und dessen Aufenthalt zu bestimmen, also darüber zu entscheiden, an welchen Orten und bei welchen Personen oder Veranstaltungen etc. sie / er sich aufhalten darf oder soll und wo nicht. Dies ist auch für Dritte verbindlich, denen gegenüber ggf. gemäß § 1632 Abs. 1 ein so genannter Herausgabeanspruch betreffend den / die Minderjährige(n) geltend gemacht werden kann, wenn sich diese/r dort entgegen dem Willen der / des Personensorgeberechtigten – und damit widerrechtlich – aufhält.

Soll eine Unterbringung des / der Minderjährigen erfolgen, die mit einer Freiheitsentziehung verbunden ist (z. B. in einer geschlossenen Einrichtung der Kinder- und Jugendhilfe), bedarf es dazu neben der Zustimmung der Personensorgeberechtigten gemäß § 1631b zusätzlich der Genehmigung des Familiengerichts.

Vertiefung: Die Haftung von Aufsichtspflichtigen für Minderjährige bestimmt sich nach § 832 BGB: Eltern haften unter den dort bezeichneten Voraussetzungen für ihre Kinder. Allerdings enthält das BGB weder in § 1631 noch in § 832 Bestimmungen über den Inhalt, die Voraussetzungen und die Grenzen der Aufsichtspflicht. Dazu hat sich deshalb eine umfangreiche und detaillierte Rechtsprechung entwickelt (vgl. BGHZ 89, 153; NJW 1995, 3385; NJW 1996, 606, 1404 sowie die Kommentarliteratur zu § 832 BGB). Danach richtet sich, grob gesagt, Inhalt und

Intensität der Aufsichtspflicht vor allem nach dem Alter, dem Gesundheitszustand, dem Reifegrad des/der Minderjährigen, der jeweiligen Gefahrensituation und den sonstigen konkreten Umständen, gelegentlich auch nach pädagogischen Gesichtspunkten – jeweils mit dem Ziel des Schutzes des/der Minderjährigen vor Gefahren und Schäden.

Persönlicher Umgang (§§ 1626 Abs. 3, 1684, 1685, 1686a): Zum Personensorgerecht gehört auch das Recht, den Umgang des Kindes zu bestimmen, also festzulegen, mit wem dieses wo zusammenkommt oder nicht. Gemäß § 1626 Abs. 3 gehört der Umgang mit beiden Elternteilen in der Regel zum Wohl des Kindes; gleiches gilt für den Umgang mit anderen Personen, zu denen das Kind Bindungen besitzt, wenn deren Aufrechterhaltung für seine Entwicklung förderlich ist. Näheres zum Umgangsrecht, auch von nicht Personensorge berechtigten Elternteilen und anderen Bezugspersonen des Kindes ist in §§ 1684, 1685, 1686a geregelt (siehe dazu Kapitel 7.4).

Ausbildung (§ 1631a): Mit Blick auf die überragende Bedeutung von Ausbildung und Beruf fordert § 1631a von den Eltern Rücksichtnahme auf die entsprechende Eignung und Neigung des Kindes/Jugendlichen und ggf. die Einholung geeigneter Ratschläge. Konsequenzen hat dies auch im Verwandtenunterhaltsrecht: Eltern schulden ihren Kindern gemäß § 1610 Abs. 2 u. a. die Finanzierung einer angemessenen Ausbildung zu einem Beruf (siehe dazu Kapitel 6.1.2).

Gesundheit (§§ 1631, 1631c, 1631d): Die Personensorge gemäß § 1631 umfasst auch die alters- und bedarfsadäquate Körper- und Gesundheitspflege sowie die Sorge für das gesundheitliche Wohlergehen des Kindes – bis hin zur Verpflichtung, Leistungen der Gesundheitsvorsorge, Pflegeleistungen, der Heil- und Krankenbehandlung etc. in Anspruch zu nehmen.

Vertiefung: In eine Sterilisation des Kindes können die Personensorgeberechtigten allerdings nicht einwilligen. Darüber muss der junge Mensch als Volljähriger ggf. selbst entscheiden (vgl. § 1631c).

Der durch Gesetz vom 20.12.2012 (BGBl. I S. 2749) eingefügte § 1631d (Beschneidung des männlichen Kindes) bejaht – nachdem dies strittig geworden war (vgl. LG Köln NJW 2012, 2128) – das Recht der Eltern, in die Beschneidung eines noch nicht selbstbestimmungsfähigen Kindes einzuwilligen, wenn bestimmte Regeln eingehalten werden und die Beschneidung nicht das Kindeswohl gefährdet (vgl. dazu auch AG Delmenhorst, Beschluss vom 10.07.2012, ZKJ 2014, 79: Anordnung von Maßnahmen im Eilverfahren bei drohender Genitalverstümmelung).

7.4 Persönlicher Umgang (Umgangsrecht)

Bereits in § 1626 Abs. 3 hat der Gesetzgeber die besondere Bedeutung des Umgangs mit beiden Eltern („Kinder brauchen beide Eltern") und ggf. mit weiteren Bezugspersonen für das Kindeswohl unterstrichen. Darüber hinaus hat er den Komplex „Umgang" im Zusammenhang mit der Kindschaftsrechtsreform und in den Folgejahren in den §§ 1684, 1685 und 1686a umfassend neu gestaltet und geregelt. Dies geschah insbesondere vor dem Hintergrund außerehelicher Kindschaft, von Trennung und Scheidung der Eltern, von Streitigkeiten derselben bezüglich des Umgangs des Kindes mit dem Elternteil, bei dem es nicht lebt, und mit Blick auf die Rechte „biologischer" Väter.

§ 1684 Abs. 1 stellt unmissverständlich in „beiderlei Richtung" klar: das Kind hat das Recht auf Umgang mit jedem Elternteil; jeder Elternteil ist zum Umgang mit dem Kind verpflichtet und berechtigt. Eltern können sogar vom Familiengericht zum Umgang verpflichtet werden, wenn dies dem Wohl des Kindes dient, wobei dies allerdings bei einem mit Zwangsmitteln durchgesetzten Umgang in der Regel nicht der Fall sein wird (BVerfG E 121, 69, 70 = FamRZ 2008, 845). Die Verpflichtung zum Umgang mit dem Kind haben auch Eltern, die z. B. in einer neuen Beziehung neue Kinder haben. Zugleich haben Eltern gemäß § 1684 Abs. 2 Satz 1 alles zu unterlassen, was das Verhältnis des Kindes zum jeweils anderen Elternteil beeinträchtigt oder die Erziehung erschwert.

Darüber hinaus ist es Aufgabe der Eltern, die Modalitäten des Umgangs des Kindes mit dem anderen Elternteil durch wechselseitige Absprachen und möglichst im Konsens auch mit dem Kind zu regeln. Leider gelingt dies häufig nicht oder nicht zufrieden stellend – z. B. aus Enttäuschung über das Scheitern der Elternbeziehung, aus Rach- oder Herrschsucht oder aus anderen Gründen.

Deshalb kann das Familiengericht gemäß § 1684 Abs. 3 über den Umfang des Umgangsrechts entscheiden und dessen Ausübung näher regeln. Das Familiengericht trifft in solchen Fällen häufig exakte Regelungen über die Aufenthaltszeiten des Kindes beim „anderen" Elternteil

(z. B. freitags 17 Uhr bis samstags 18 Uhr oder sonntags 12 Uhr, tage- oder wochenweise Aufteilung von Feiertagen und Ferienzeiten etc.), über Bring-, Abhol- und „Übergabe"-Modalitäten und anderes. Gemäß § 1684 Abs. 3 Sätze 3 bis 5 kann das Familiengericht auch eine „Umgangspflegschaft" für die Durchführung des Umgangs anordnen.

Schließlich kann das Familiengericht gemäß § 1684 Abs. 4 Satz 1 das Umgangsrecht oder den Vollzug früherer Entscheidungen darüber einschränken oder ausschließen, soweit dies zum Wohl des Kindes erforderlich ist.

Außerdem besteht die Möglichkeit der Anordnung des so genannten „begleiteten Umgangs" in § 1684 Abs. 4 Satz 3 und 4: Das Familiengericht kann insbesondere anordnen, dass der Umgang nur stattfinden darf, wenn ein mitwirkungsbereiter Dritter anwesend ist. Dritter kann auch ein Träger der Kinder- und Jugendhilfe oder ein Verein sein.

Der begleitete Umgang ist insbesondere angebracht, wenn von dem anderen umgangsberechtigten Elternteil eine Gefahr für das Kind ausgeht, der Umgang in beschützter Form jedoch dem Kindeswohl entspricht, zumal mit Blick auf das Elternrecht der komplette Ausschluss des Umgangs nur in besonders begründeten Ausnahmefällen in Betracht kommt. Begleiteter Umgang ist insoweit also grundsätzlich vorrangig vor dem vollständigen Ausschluss des Umgangsrechts (so auch BVerfG, FuR 2008, 338).

Gemäß § 1685 Abs. 1 haben auch Großeltern und Geschwister ein Recht auf Umgang mit dem Kind, wenn dieser dem Wohl des Kindes dient. Merkwürdigerweise ist hier nicht auch ein damit korrespondierendes Umgangsrecht des Kindes verankert. Im Übrigen gelten die Modalitäten des § 1684 Abs. 2 bis 4 gemäß § 1685 Abs. 3 entsprechend.

Nach § 1685 Abs. 2 gilt „Gleiches" (wie in Absatz 1) „für enge Bezugspersonen des Kindes, wenn diese für das Kind tatsächliche Verantwortung tragen oder getragen haben (sozial-familiäre Beziehung)." Eine Übernahme tatsächlicher Verantwortung ist dabei in der Regel anzunehmen, wenn die Person mit dem Kind längere Zeit in häuslicher Gemeinschaft zusammengelebt hat.

Erfasst ist davon auch der so genannte „biologische Vater", sofern die gesetzlichen Voraussetzungen vorliegen und eine „sozial-familiäre Beziehung" besteht oder bestanden hat (vgl. dazu BGH JAmt 2005, 257; OLG Düsseldorf ZfJ 2004, 471). Mit den Umgangsrechten nach § 1685 korrespondieren allerdings (anders als bei § 1684 Abs. 1) keine entsprechenden Umgangspflichten.

Solange die Vaterschaft eines anderen Mannes besteht, hat darüber hinaus der leibliche Vater, der zwar bisher (noch) keine sozial-familiäre

Beziehung zu dem Kind hat oder hatte, der jedoch ernsthaftes Interesse an dem Kind zeigt, unter den Voraussetzungen des § 1686a Abs. 1 ein Recht auf Umgang mit dem Kind, wenn der Umgang dem Kindeswohl dient (Nr. 1), sowie gegebenenfalls Auskunftsrechte im Hinblick auf die persönlichen Verhältnisse des Kindes (Nr. 2). Der Gesetzgeber ist damit im Jahre 2013 der Rechtsprechung des Europäischen Gerichtshofs für Menschenrechte (FamRZ 2011, 269 und 1641) gefolgt (dazu Schwab 2013b, Rz. 808, 809).

📖 Literatur

Büte, D. (2005): Das Umgangsrecht bei Kindern geschiedener oder getrennt lebender Eltern: Ausgestaltung – Verfahren – Vollstreckung. 2. Aufl.

Fröschle, T. (2013): Sorge und Umgang – Elternverantwortung in der Rechtspraxis

Heiß, H., Castellanos, H. A. (2013): Die gemeinsame Sorge und das Kindeswohl

Hoffmann, B. (2013): Personensorge. 2. Aufl.

Klinkhammer, M., Klotmann, U., Prinz, S. (2011): Handbuch begleiteter Umgang – pädagogische, psychologische und rechtliche Aspekte. 2. Aufl.

Prenzlow, R. (2013): Handbuch Elterliche Sorge und Umgang

Völker, M., Clausius, M. (2011): Sorge- und Umgangsrecht. 4. Aufl.

Fall 7: Erwerb der elterlichen Sorge

Edith (E) bringt den Sohn Kurt (K) zur Welt. Vater ist Anton (A). Wer hat in den nachfolgenden Konstellationen das Sorgerecht für K?

1. E und A sind verheiratet.
2. E und A sind zunächst nicht verheiratet. Zu einem späteren Zeitpunkt nach der Geburt von K heiraten sie.
3. E und A leben zunächst unverheiratet zusammen. Später erklären sie, gemeinsam die Sorge für K übernehmen zu wollen.
4. E ist ledig und lebt allein.

Wären die Fragen anders zu beantworten, wenn in denselben Konstellationen

– E minderjährig wäre;
– A minderjährig wäre;
– beide minderjährig wären?

8   Elterliche Sorge II

8.1   Vermögenssorge

Vermögenssorge – als Teil der elterlichen Sorge nach § 1626 Abs. 1 Satz 2 – ist die Sorge für das Vermögen des Kindes mit dem Ziel der Erhaltung, Vermehrung oder ggf. wirtschaftlichen Verwertung desselben. Das BGB trifft in den §§ 1638 bis 1649 umfangreiche Regelungen über die (tatsächliche) Vermögenssorge sowie die gesetzliche Vertretung dabei.

Vertiefung: Da die Vermögenssorge für die Soziale Arbeit nicht so bedeutsam ist wie die Personensorge, werden im Folgenden (siehe Übersicht 29) nur stichwortartig zentrale Grundsätze der tatsächlichen Vermögenssorge referiert.

(Tatsächliche) Vermögenssorge (§§ 1626, 1638 ff.)

Übersicht 29

1. Ziel: Erhaltung, Vermehrung und ggf. wirtschaftliche Verwertung des Vermögens des Kindes (Geld, Immobilien, Kapitalanlagen, Erwerbsgeschäfte etc.) in dessen Interesse
2. bei ererbtem Kindesvermögen ggf. Bindung an den Willen des Erblassers (§§ 1638 f.)
3. Pflicht zur Anlegung eines Vermögensverzeichnisses (§ 1640)
4. grundsätzliches Schenkungsverbot (§ 1641)
5. wirtschaftliche Vermögensverwaltung (§ 1642)
6. ggf. sind Genehmigungen des Familiengerichts erforderlich (§ 1643)
7. Bei Gefährdung des Kindesvermögens: ggf. Regelungen des Familiengerichts mit Eingriffen in die Vermögenssorge (§§ 1666, 1667) möglich

---

8.2   Gesetzliche Vertretung

Gemäß § 1629 Abs. 1 Satz 1 umfasst die elterliche Sorge die gesetzliche Vertretung des Kindes. Wie in Kapitel 7.2.1 dargestellt, sind dabei die tatsächliche Personensorge (7.3), die tatsächliche Vermögenssorge (8.1) und die damit jeweils zumeist, aber nicht immer verbundene gesetzliche Vertretung zum einen bei der Personensorge und zum anderen bei der Vermögenssorge deutlich voneinander zu unterscheiden. Auf die beiden zuletzt genannten Themen ist nunmehr im Folgenden einzugehen.

Minderjährige benötigen für die Vornahme wirksamer rechtsgeschäftlicher Handlungen – insbesondere zum Abschluss von Verträgen – grundsätzlich einen gesetzlichen Vertreter. Das gilt ausnahmslos für das geschäftsunfähige Kind (§ 104 Nr. 1), das das siebente Lebensjahr noch nicht vollendet hat, und zumeist auch für beschränkt geschäftsfähige Minderjährige im Alter von sieben bis unter 18 Jahren (§§ 106, 107 – mit wenigen Ausnahmen nach §§ 110 bis 113).

Die gesetzliche Vertretung des Kindes wird grundsätzlich von der elterlichen Sorge (sowohl von der Personen- als auch der Vermögenssorge) mit umfasst (§ 1629 Abs. 1 Satz 1). Die gesetzliche Vertretungsmacht korrespondiert also grundsätzlich mit dem Sorgerecht beider Eltern bzw. der / des allein Sorgeberechtigten (siehe Übersicht 30).

Gesetzliche Vertretung des Kindes (§ 1629)   *Übersicht 30*

1.   Bei gemeinsamer elterlicher Sorge vertreten beide Eltern das Kind gemeinschaftlich (§ 1629 Abs. 1 Satz 2, 1. Halbsatz). Beim Abschluss von Verträgen müssen deshalb grundsätzlich beide Eltern zustimmen.

Ausnahmen:

1.1 bei Entscheidungsübertragung auf einen Elternteil nach § 1628 bei Nichteinigung der Eltern (§ 1629 Abs. 1 Satz 3),

1.2 bei Gefahr im Verzug (§ 1629 Abs. 1 Satz 4), z.B. bei dringend notwendig werdender Operation,

1.3 bei Unterhaltsfragen (vgl. § 1629 Abs. 2 Satz 2, Abs. 3); diese Sonderregelung soll Gefährdungen des Kindesunterhalts vorbeugen.

2.   Bei Alleinsorge vertritt derjenige Elternteil das Kind, der die elterliche Sorge allein ausübt (§ 1629 Abs. 1 Satz 3).

Obwohl die gesetzliche Vertretung des / der Sorgeberechtigten bei Vorliegen der oben dargestellten Voraussetzungen (und bis zur Vollendung des 18. Lebensjahres der / des Minderjährigen) grundsätzlich unbeschränkt ist, gibt es von diesem Grundsatz jedoch eine Reihe von Ausnahmen in Form von gesetzlichen Beschränkungen, Modifizierungen und Ausschlussgründen. Darüber hinaus beschränkt sich die Haftung des volljährig gewordenen „Kindes" für Verbindlichkeiten, die die Eltern als gesetzliche Vertreter während der Minderjährigkeit begründet haben, gemäß § 1629a grundsätzlich auf den Bestand des bei Eintritt der Volljährigkeit vorhandenen Vermögens. Folgende Grenzen der gesetzlichen Vertretung sind von Bedeutung:

1. §§ 110, 112, 113 (Kind ist „teil-selbstständig")
2. § 1630 (bei Bestellung eines Pflegers)
3. §§ 181, 1629 Abs. 2 Satz 1, 1795
   (Fälle möglicher Interessenkollision)
4. § 1643 i. V. m. §§ 1821, 1822 (Genehmigung des Familiengerichts erforderlich)

8.2.1   (Teil-)„Selbstständigkeit" des Kindes

Grenzen der gesetzlichen Vertretung bestehen zunächst naturgemäß dort, wo der / die Minderjährige ausnahmsweise im juristischen Sinne gleichsam als voll geschäftsfähig gilt, nämlich:

- gemäß § 110 mit Blick auf Rechtsgeschäfte, hinsichtlich welcher der gesetzliche Vertreter dem Minderjährigen (finanzielle) Mittel zur freien Verfügung überlassen hat („Taschengeld-Paragraph");
- gemäß § 112 mit Blick auf Rechtsgeschäfte, welche ein Erwerbsgeschäft mit sich bringen, zu dem der gesetzliche Vertreter den Minderjährigen mit Genehmigung des Vormundschaftsgerichts ermächtigt hat;
- und gemäß § 113 aus bestimmten Rechtsgeschäften im Zusammenhang mit einem Arbeitsverhältnis, zu dem der gesetzliche Vertreter den Minderjährigen ermächtigt hat.

8.2.2   Bestellung eines Pflegers

Gemäß § 1630 Abs. 1 erstreckt sich die elterliche Sorge nicht auf Ange-
legenheiten des Kindes, für die ein Pfleger gemäß §§ 1909, 1915 (siehe
Kapitel 12.2) bestellt ist. In diesen Fällen nimmt der Pfleger Aufgaben in
Teilbereichen der elterlichen Sorge wahr und ist insoweit der gesetzliche
Vertreter des Kindes – und nicht (mehr) der/die bisher Sorge- und
Vertretungsberechtigte(n).

Davon zu unterscheiden ist der Fall der Vollzeitpflege (Familienpflege)
als Hilfe zur Erziehung nach § 33 SGB VIII. Hier verbleibt es grundsätzlich bei der elterlichen Sorge und der gesetzlichen Vertretung durch die
Eltern/den Elternteil, allerdings kann das Familiengericht (aus Prakti-
kabilitätsgründen) gemäß § 1630 Abs. 3 der Pflegeperson einzelne Angelegenheiten der elterlichen Sorge übertragen.

8.2.3   Fälle möglicher Interessenkollision

Ganz allgemein sind, um eventuelle Interessenkollisionen zu vermeiden, gemäß § 181 so genannte „In-sich-Geschäfte" grundsätzlich unzulässig („im Namen des Vertretenen mit sich im eigenen Namen oder als
Vertreter eines Dritten"). Dies ist z. B. der Fall, wenn eine Person einen
Vertrag zwischen sich selbst und einer anderen Person, jedoch handelnd
für diese in deren Vertretung, abschließt: Hier handelte dieselbe Person
gleichsam „auf beiden Seiten" und ggf. zu Lasten der vertretenen anderen Person.
   Dies gilt auch für das Rechtsverhältnis zwischen Eltern und Kindern.
Darüber hinaus sind im Eltern-Kind-Verhältnis weitere Rechtsgeschäfte
unzulässig, nämlich solche gemäß § 1629 Abs. 2 Satz 1 in denjenigen
Fällen, in denen ein Vormund (siehe dazu ausführlich Kapitel 12.1) von
der gesetzlichen Vertretung des Kindes (des „Mündels") ausgeschlossen
ist. Ein wichtiger Fall ist der des § 1795 Abs. 1 Nr. 1: Danach sind Verträge zwischen dem Ehegatten des Vormunds einerseits und dem „Mündel" andererseits unzulässig. Weitere solche Fälle gibt es nach § 1795
Abs. 1 Nr. 2 und 3 und § 1795 Abs. 2, wo auf § 181 (siehe oben) verwiesen wird. Mit anderen Worten: Was gemäß § 1795 wegen möglicher
Interessenkollisionen ein Vormund nicht darf, dies dürfen gemäß § 1629

Abs. 2 Satz 1 auch Vater und Mutter in Wahrnehmung der gesetzlichen Vertretungsmacht nicht! In beiden Fällen bedarf es insoweit der Bestellung eines Pflegers nach § 1909 (siehe dazu Kapitel 12.2).

8.2.4   Genehmigungsbedürftige Rechtsgeschäfte

Gesetzestechnisch ähnlich wie bei § 1629 Abs. 2 Satz 1 verweist das BGB auch in § 1643 erneut auf Vorschriften des Vormundschaftsrechts. Hier geht es um Fälle, in denen der vertretungsberechtigte Vormund zwar rechtsgeschäftlich tätig werden darf, zum Schutz (insbesondere: des Vermögens) der/des Minderjährigen, jedoch gemäß § 1821 und § 1822 zusätzlich eine Genehmigung des Vormundschaftsgerichts einholen muss. Dies ist z. B. gemäß § 1821 Abs. 1 Nr. 1 beim Verkauf von Grundstücken von Minderjährigen der Fall. Auch in § 1643 verweist das Gesetz sodann mit Blick auf Rechtsgeschäfte der Eltern, die in Vertretung des Kindes handeln, auf das Vormundschaftsrecht, indem es gemäß § 1643 Abs. 1 in den meisten Fällen der §§ 1821 und 1822 ebenfalls die Genehmigung des Familiengerichts vorschreibt.

8.3   Ruhen und Beendigung der elterlichen Sorge

8.3.1   Ruhen der elterlichen Sorge

Auch wenn eine Mutter und/oder ein Vater die elterliche Sorge nach § 1626a erworben hat (siehe Kapitel 7.2.2), kann diese in bestimmten Fällen (siehe Übersicht 31) „ruhen". Dies hat die rechtliche Konsequenz, dass gemäß § 1675 der jeweilige Elternteil nicht berechtigt ist, diese auszuüben.

Fälle des Ruhens der elterlichen Sorge

Übersicht 31

(in der Regel umfassend – einschließlich der gesetzlichen Vertretung) mit der Wirkung von § 1675

1. bei Geschäftsunfähigkeit (§ 1673 Abs. 1 i. V. m. § 104),
2. bei beschränkter Geschäftsfähigkeit von Minderjährigen gemäß § 1673 Abs. 2 Satz 1, der insoweit auf § 1673 Abs. 1 Bezug nimmt. Allerdings darf dabei (nur) die tatsächliche Personensorge ausgeübt werden (§ 1673 Abs. 2 Satz 2),
3. bei ausdrücklicher (!) Feststellung des Ruhens der elterlichen Sorge durch das Familiengericht gemäß § 1674, wenn die elterliche Sorge auf längere Zeit tatsächlich nicht ausgeübt werden kann
4. bei einem vertraulich geborenen Kind (§ 1674a i. V. m. § 25 Abs. 1 des Schwangerschaftskonfliktgesetzes) oder
5. bei Einwilligung des Elternteils in die Annahme als Kind (§ 1751 Abs. 1 Satz 1; siehe dazu Kapitel 11.1.4).

Beispiele zu § 1674: Der Vater eines Kindes wird sich während der nächsten beiden Jahre wegen einer gefährlichen Antarktisexpedition nicht in Deutschland aufhalten; deshalb kann hier die Feststellung des Ruhens der elterlichen Sorge angezeigt sein. Gegenbeispiel: der für drei Jahre im Gefängnis „sitzende" Vater kann Fragen der elterlichen Sorge für sein Kind per Post, Telefon, Internet oder anlässlich von Besuchen ggf. durchaus (mit) entscheiden, so dass hier voraussichtlich keine gerichtliche Feststellung nach § 1674 in Betracht kommt!

Was geschieht in diesen Fällen des Ruhens der elterlichen Sorge, denn das Kind muss jederzeit einen gesetzlichen Vertreter haben? In den praktisch häufigen Fällen, in denen bei gemeinsamer elterlicher Sorge die elterliche Sorge des einen Elternteils ruht, liegt die gesetzliche Lösung gemäß § 1678 Abs. 1 darin, dass kraft Gesetzes der (volljährige) andere Elternteil die elterliche Sorge während der Zeit des Ruhens alleine ausübt. Ein weiterer, eher seltener Fall ist in § 1678 Abs. 2 geregelt (Ruhen bei Alleinsorge, wenn keine Aussicht besteht, dass der Grund des Ruhens wegfallen werde). Im Übrigen muss gemäß §§ 1773 ff. ein Vormund für das Kind bestellt werden bzw. wird das Jugendamt nach § 1791c von Geburt des Kindes an kraft Gesetzes gesetzlicher Amtsvormund (siehe dazu Kapitel 12.1).

8.3.2   Beendigung der elterlichen Sorge

Schließlich endet die elterliche Sorge in den folgenden Fällen, wobei der Fall der Erlangung der Volljährigkeit des Kindes den häufigsten Fall der Beendigung der elterlichen Sorge darstellt (siehe Übersicht 32).

Beendigung der elterlichen Sorge durch

Übersicht 32

1. Volljährigkeit des Kindes (vgl. § 2 BGB)
2. Heirat des minderjährigen Kindes (teilweise nach § 1633; siehe Kapitel 7.2.1)
3. Tod bzw. Todeserklärung der Eltern (§§ 1677, 1680, 1681)
4. Übertragung der Sorge auf einen Elternteil allein mit Blick auf den anderen Elternteil (bei Trennung oder Scheidung nach § 1671; siehe Kapitel 9.1)
5. Entzug des elterlichen Sorgerechts – ganz oder teilweise (§§ 1666, 1666a, 1667; siehe Kapitel 10.1, 10.2)

Vertiefung: Abschließend wird in Übersicht 33 über die 14 häufigsten Fallgestaltungen der elterlichen Sorge ein Überblick gegeben, je nachdem, ob die Eltern miteinander verheiratet sind oder waren bzw. nicht.

Elterliche Sorge und gesetzliche Vertretung für Minderjährige (nach §§ 1626, 1629 ff. BGB)

Übersicht 33

1.   Falls Eltern miteinander verheiratet sind:
1.1   Beide Eltern volljährig:
gemeinsame elterliche Sorge (§ 1626) und gesetzliche Vertretung (§ 1629 Abs. 1 Satz 1)
1.2   Eltern geschieden oder getrennt lebend:
gemeinsame oder alleinige elterliche Sorge und Vertretung § 1671 (siehe Kapitel 9.1, 9.2)
1.3   Ein Elternteil minderjährig:
Keine gesetzliche Vertretung, trotz in der Regel tatsächlicher Personensorge (§§ 1673 Abs. 2 Satz 2, 1675 Ruhen; ggf. § 1678 Wahrnehmung allein)
1.4   Ein Elternteil tot oder bei Sorgerechtsentzug:
Alleinsorge und alleinige Vertretung des anderen Elternteils § 1680
1.5   Beide Elternteile tot oder bei Sorgerechtsentzug:
Vormund § 1773 (siehe Kapitel 12.1)

1.6 Ein Elternteil (teilweise) rechtlich ausgeschlossen:
Pfleger § 1909 (siehe Kapitel 12.2)

1.7 Beide Eltern (teilweise) rechtlich ausgeschlossen:
Pfleger § 1909

2. Falls Eltern nicht miteinander verheiratet sind:

2.1 Vater steht fest (§ 1592), beide Eltern volljährig:
Alleinige Sorge und Vertretung durch die Mutter (§ 1626a Abs. 3) oder gemeinsame Sorge und gesetzliche Vertretung, falls Sorge-erklärungen (§ 1626a Abs. 1 Nr. 1)

2.2 Kein Vater (§ 1592), Mutter volljährig:
Alleinige Sorge und Vertretung durch Mutter (§ 1626a Abs. 3)

2.3 Kein Vater (§ 1592), Mutter minderjährig:
Gesetzliche Amtsvormundschaft des Jugendamtes (§ 1791c)

2.4 Ein Elternteil tot oder bei Sorgerechtsentzug:
Alleinsorge und gesetzliche Vertretung durch anderen Elternteil, falls gemeinsames Sorgerecht zuvor (§ 1680 Abs. 1, 3); oder: Alleinsorge und gesetzliche Vertretung durch den Überlebenden, falls zuvor Al-leinsorge des Verstorbenen und falls Übertragung durch Familienge-richt (§ 1680 Abs. 2 Satz 1); anderenfalls: Vormund (§ 1773)

2.5 Beide Elternteile tot oder bei Sorgerechtsentzug:
Vormund (§ 1773)

2.6 Mutter (teilweise) rechtlich ausgeschlossen:
Pfleger (§ 1909)

2.7 Beide Eltern (teilweise) rechtlich ausgeschlossen:
Pfleger (§ 1909)

📖 **Literatur**

(siehe auch bei Kapitel 7 und 9!)

Löhnig, M. (2010): Das Recht des Kindes nicht verheirateter Eltern. 3. Aufl.
Meier, S. M., Neumann, A. (2010): Handbuch Vermögenssorge. 2. Aufl.

Fall 8: Probleme bei der gesetzlichen Vertretung

Vater Victor (V) und Mutter Martha (M) sind Eltern des 17-jährigen Sohnes Konrad (K). Sie sind miteinander verheiratet und haben das gemeinsame Sorgerecht für K.

1. K möchte die Zeitschrift „Computer Bild" abonnieren. Wessen Zustimmung braucht er für einen Abonnement-Vertrag?

2. K hat von seiner verstorbenen Tante T ein Grundstück geerbt. Da V und M gerade wenig Geld zur Verfügung haben, möchten sie dieses Grundstück verkaufen, um mit K im Sommer eine Weltreise zu unternehmen. Geht das ohne weiteres, selbst wenn K einverstanden wäre?

3. K lebt im Internat. Die Eltern wollen jedoch die Internatserziehung beenden. K soll wieder zu Hause wohnen und wieder in die benachbarte Schule am Heimatort wechseln. Der Leiter des Internats weigert sich jedoch, K gehen zu lassen. Zu Recht?

4. K wird von einem Auto angefahren, schwer verletzt und ins Krankenhaus gebracht. Er muss sofort operiert werden. Wer muss zustimmen?

5. K heiratet die 19-jährige F. Darf er bei ihr einziehen? Darf er des Weiteren:

5.1 ein eigenes Konto bei der Bank eröffnen,

5.2 eine Urlaubsreise mit F nach Mallorca buchen und

5.3 sich bei der Bundeswehr als Soldat auf Zeit für vier Jahre verpflichten?

9 Elterliche Sorge III

Fragen der elterlichen Sorge nach Trennung und Scheidung können sich nur stellen, wenn es sich um Eltern handelt, die gemeinsam oder allein sorgeberechtigt sind. Die Prüfungsreihenfolge ist deshalb ggf. die folgende:

1. Abstammung des Kindes von Mutter (§ 1591) und ggf. (rechtlichem) Vater (§§ 1592 ff.; siehe Kapitel 4.2)
2. Erwerb der elterlichen Sorge (§§ 1626a ff.; siehe Kapitel 7.2.2)
3. Gemeinsame oder alleinige elterliche Sorge nach Trennung / Scheidung (§§ 1671, ggf. 1687; siehe Kapitel 9.1, 9.2)

9.1 Elterliche Sorge bei Trennung und Scheidung

Die einschlägige „Fundamentalnorm" für die elterliche Sorge bei Trennung und Scheidung ist § 1671 Abs. 1 mit drei Alternativen:

1. Gemeinsame elterliche Sorge besteht „automatisch" fort, wenn kein Antrag auf Alleinsorge gestellt wird; dies ergibt sich aus einem Umkehrschluss aus § 1671 Abs. 1 Satz 1.
2. Alleinige elterliche Sorge aufgrund gerichtlicher Entscheidung (nur)
2.1 bei Antrag eines Elternteils mit Zustimmung des anderen und ohne Widerspruch eines Kindes im Alter von mindestens 14 Jahren (§ 1671 Abs. 1 Satz 2 Nr. 1) oder (!)
2.2 bei Antrag eines Elternteils, wenn die Aufhebung der gemeinsamen Sorge und (!) die Übertragung der alleinigen elterlichen Sorge auf die / den Antragsteller / in dem „Wohl des Kindes" am besten entspricht (§ 1671 Abs. 1 Satz 2 Nr. 2).

In § 1671 Abs. 1 spiegelt sich, teilweise ausländischen Rechtsordnungen folgend, eine Entscheidung des Gesetzgebers von 1997/98 wider: Hatten beide Eltern vor Trennung oder Scheidung gemeinsam das elterliche Sorgerecht, so besteht dieses (ohne gerichtliche Prüfung, ob dies auch dem Kindeswohl am besten entspricht!) „automatisch" fort, wenn und solange nicht ein Elternteil einen Antrag auf Übertragung der alleinigen elterlichen Sorge auf sich stellt und diesem Antrag stattgegeben wird.

Der tragende Grundgedanke ist dabei, dass das Eltern-Kind-Verhältnis ein komplexes Beziehungssystem darstellt, in dem sowohl die Mutter als auch der Vater für das Kind (fortdauernd!) wichtige Rollen spielen; dies gilt grundsätzlich auch für den Fall von Trennung und Scheidung der Eltern. Selbst wenn die Eltern(Paar-)Beziehung scheitert, ist es für das Kind zumeist das Beste, wenn dessen Beziehung zu beiden Eltern und deshalb auch das gemeinsame Sorgerecht der Eltern fortbestehen und nicht mit Blick auf einen Elternteil „abrupt" beendet werden.

Das Familiengericht entscheidet deshalb unter Kindeswohlaspekten sachlich-inhaltlich nur (noch) im Falle von § 1671 Abs. 1 Satz 2 Nr. 2 über die Frage nach gemeinsamer oder alleiniger elterlicher Sorge, so dass das Gesamtkonzept des § 1671 Abs. 1 auch beschrieben werden kann als Entscheidung des Gesetzgebers „von der richtigen zur einvernehmlichen Entscheidung" (Münder et al. 2013, 238). Inzwischen besteht in den weitaus meisten Fällen in der Praxis die gemeinsame elterliche Sorge auch nach Trennung und Scheidung fort. Im Einzelnen gilt folgendes:

9.1.1 (Einvernehmliches) Fortbestehen der gemeinsamen elterlichen Sorge

Die zentrale gesetzgeberische Entscheidung, dass auch nach Trennung oder Scheidung die bisherige gemeinsame elterliche Sorge automatisch fortbesteht, sofern nicht ein Antrag auf Alleinsorge gestellt und diesem stattgegeben wird, ist – wie bereits dargelegt – nicht explizit im Gesetzestext, sondern nur indirekt in § 1671 Abs. 1 Satz 1 zum Ausdruck gebracht worden (§ 1671 Abs. 1 Satz 1, Umkehrschluss).

Vertiefung: Anknüpfend daran war deshalb zwischen den Oberlandes-
gerichten zunächst lebhaft umstritten, ob mit dieser Formulierung ein
juristisch erhebliches Regel-Ausnahme-Verhältnis formuliert worden
sei, etwa im Sinne einer Rangfolge: „grundsätzlich gemeinsame und nur
ausnahmsweise alleinige elterliche Sorge". Der BGH (FamRZ 1999,
1596) hat allerdings entschieden, dass es sich insoweit um juristisch
„gleichwertige" (!) Alternativen – gemeinsame oder alleinige elterliche
Sorge – handelt. Für die (konkrete) Ausübung der fortbestehenden gemeinsamen elterlichen Sorge bei Getrenntleben ist des Weiteren § 1687
von entscheidender Bedeutung (siehe Kapitel 9.2).

9.1.2 Einvernehmliche alleinige Sorge nach (bisheriger) gemeinsamer Sorge

Im Falle der „einvernehmlich" beantragten Übertragung der elterlichen
Sorge auf einen Elternteil allein gemäß § 1671 Abs. 1 Satz 2 Nr. 1 hat
das Familiengericht bei Vorliegen der gesetzlichen Voraussetzungen
ohne Kindeswohlprüfung „automatisch" antragsgemäß zu entscheiden.
Der beiderseitige Elternwille ist insoweit also für das Familiengericht
verbindlich vorgegeben, es sei denn, dass ein über 14 Jahre altes Kind
der Übertragung widerspricht. Tut es dieses, ist keine Entscheidung
nach § 1671 Abs. 1 Satz 2 Nr. 1 möglich – gleichwohl jedoch ggf. eine
solche nach § 1671 Abs. 1 Satz 2 Nr. 2, wenn das Gericht zur Überzeugung gelangt, dass die Übertragung auf den Antragsteller dem Wohl des
Kindes am besten entspricht.

Auf Antrag kann das Familiengericht auch entscheiden, dass die elterliche Sorge nur teilweise auf einen Elternteil allein übertragen wird.

9.1.3 Nicht einvernehmliche alleinige Sorge nach (bisheriger) gemeinsamer Sorge

Liegen die Voraussetzungen für die Stattgabe eines Antrages auf Übertragung der elterlichen Sorge auf einen Elternteil allein nach § 1671
Abs. 1 Satz 2 Nr. 1 nicht vor, hat das Familiengericht zu prüfen und zu
entscheiden, ob dem Antrag aufgrund von § 1671 Abs. 1 Satz 2 Nr. 2

stattzugeben ist. Maßstab dafür ist allein das „Kindeswohl" und nicht das „Elternwohl".

In diesem Zusammenhang muss das Familiengericht erstens prüfen, ob die Aufhebung der gemeinsamen elterlichen Sorge dem Kindeswohl besser als die Beibehaltung derselben entspricht. Die Familiengerichte haben dabei insbesondere zu prüfen, ob (noch) ein Mindestmaß an Kooperationsfähigkeit und -bereitschaft der Eltern als unverzichtbare Grundlage für ein sinnvolles Fortbestehen der gemeinsamen elterlichen Sorge gegeben ist oder nicht (BVerfG FamRZ 2004, 354; FamRZ 2004, 1015; Münder et al. 2013, 240). Dabei ist zu bedenken, dass die gemeinsame Sorge keine dauernden Gespräche und keine ständigen gemeinsamen Entscheidungen erfordert, sondern nur solche im Zusammenhang mit Entscheidungen von erheblicher Bedeutung für das Kind (vgl. § 1687 und Kapitel 9.2). Ohne jegliche Gesprächs- und Verständigungsbereitschaft fehlt allerdings zumeist die Basis für ein Fortbestehen der gemeinsamen elterlichen Sorge.

Zweitens hat das Familiengericht sodann ggf. zu prüfen, ob die Übertragung der alleinigen Sorge gerade auf den Antragsteller dem Kindeswohl am besten entspricht. Maßstäbe für diese im Zweifelsfall außerordentlich schwierige Entscheidung sind neben dem Kindeswillen etwa Aspekte wie bessere Entwicklungsmöglichkeiten für das Kind, besonders enge Beziehungen zu dem einen Elternteil, Kontinuität von Geschwisterbeziehungen oder Erhaltung des bisherigen Lebensumfeldes (Münder et al. 2013, 240).

Entsprechendes gilt für den Fall, dass beide Eltern – je separat – beantragt haben, dass ihnen die elterliche Sorge (je) allein übertragen wird.

9.1.4 Übertragung der Alleinsorge auf den Vater nach (bisheriger) Alleinsorge der Mutter

Die Konstellation der Übertragung der Alleinsorge auf den Vater nach (bisheriger) Alleinsorge der Mutter bei Getrenntleben der Eltern ist im Jahre 2013 neu geregelt worden, nämlich in § 1671 Abs. 2. Zugleich ist der frühere § 1672 aufgehoben worden. Gemäß § 1671 Abs. 2 Satz 1 kann der Vater in diesem Fall beantragen, dass ihm das Familiengericht die elterliche Sorge ganz oder teilweise allein überträgt. Die Entscheidungskriterien dafür sind weitgehend dieselben wie im Falle der Übertragung der Alleinsorge auf einen Elternteil (bei bisheriger gemeinsamer Sorge) nach Trennung und Scheidung gemäß § 1671 Abs. 1 Satz 2 Nrn. 1 und 2 (siehe Kapitel 9.1.2 und 9.1.3). Dem Antrag des Vaters ist gemäß § 1671 Abs. 2 Satz 2 Nrn. 1 und 2 seitens des Familiengerichts stattzugeben, soweit alternativ:

1. die Mutter zustimmt, es sei denn, ein mindestens 14 Jahre altes Kind widerspricht oder (und dies ist hier zusätzliches Tatbestandsmerkmal!) die Übertragung widerspricht dem Wohl des Kindes (einvernehmliche Übertragung nach Nr. 1);
2. oder eine gemeinsame Sorge nicht in Betracht kommt und zu erwarten ist, dass die Übertragung auf den Vater dem Wohl des Kindes am besten entspricht (nicht einvernehmliche Übertragung nach Nr. 2).

9.1.5   Sorgerechtsregelungen nach §§ 1666, 1666a

Ggf. können sich auch im Zusammenhang mit Verfahren nach § 1671 Gesichtspunkte ergeben, die unabhängig davon wegen Gefährdung des Kindeswohls ein Einschreiten des Familiengerichts von Amts wegen erforderlich machen. Eventuell nach §§ 1666, 1666a gebotene Maßnahmen (siehe dazu Kapitel 10) sind insoweit gegenüber solchen nach § 1671 vorrangig.

9.2   Angelegenheiten von erheblicher Bedeutung sowie des täglichen Lebens

Im Falle des Fortbestehens der gemeinsamen elterlichen Sorge nach Trennung oder Scheidung (§ 1671 Abs. 1 Satz 1 Umkehrschluss) stellt sich die Frage, wie die Wahrnehmung gemeinsamer elterlicher Sorge praktisch erfolgen soll.

Rechtlicher Ausgangspunkt der Ausübung der gemeinsamen elterlichen Sorge bleiben dabei die §§ 1626 und 1629. Insbesondere verbleibt es auch bei gemeinsamer elterlicher Sorge nach Trennung und Scheidung grundsätzlich dabei, dass beide Eltern das Kind gemeinschaftlich vertreten, also z. B. Verträgen grundsätzlich beidseitig zustimmen müssen (§ 1629 Abs. 1 Satz 2), abgesehen von Fällen nach

§ 1628 (§ 1629 Abs. 1 Satz 3) oder bei Gefahr im Verzug (§ 1629 Abs. 1 Satz 4) u. a. (vgl. Kapitel 8.2).

Mit Blick darauf, dass sich die Eltern nach Trennung oder Scheidung in der Regel nicht mehr täglich sehen, werden nunmehr allerdings in § 1687 auf diese Situation zugeschnittene wichtige zusätzliche Regelungen getroffen (siehe Übersicht 34).

Ausübung der gemeinsamen Sorge bei Getrenntleben (§ 1687)

Übersicht 34

1. Bei Entscheidungen in Angelegenheiten von erheblicher Bedeutung für das Kind ist gegenseitiges Einvernehmen beider Eltern erforderlich (§ 1687 Abs. 1 Satz 1).

2. Bei Angelegenheiten des täglichen Lebens (§ 1687 Abs. 1 Satz 2 und 3) besteht alleinige Entscheidungskompetenz desjenigen Elternteils, bei dem sich das Kind gewöhnlich „rechtmäßig" aufhält. Entsprechendes gilt, wenn sich das Kind „rechtmäßig" bei dem anderen Elternteil aufhält mit Blick auf dessen tatsächliche Betreuung dort (§ 1687 Abs. 1 Satz 4).

Hinweis: „rechtmäßig" bedeutet mit Einwilligung des anderen Elternteils oder aufgrund einer gerichtlichen Entscheidung!

---

§ 1687 Abs. 1 Satz 3 enthält in Abgrenzung von den „Angelegenheiten von erheblicher Bedeutung" eine Definition der „Angelegenheiten des täglichen Lebens": dies sind in der Regel solche, die häufig vorkommen und die keine schwer abzuändernden Auswirkungen auf die Entwicklung des Kindes haben. Der Gesetzgeber hat damit in § 1687 Abs. 1 eine im Grundsatz klare und der Situation (nach Trennung und Scheidung) sachlich angemessene Lösung getroffen, wobei zudem das Familiengericht gemäß § 1687 Abs. 2 die Befugnisse nach Absatz 1 Satz 2 und 4 einschränken oder ausschließen kann, wenn dies zum Wohl des Kindes erforderlich ist.

Vertiefung: Schwierigkeiten macht allerdings in „Grenzfällen" die Abgrenzung zwischen Angelegenheiten „von erheblicher Bedeutung" und „des täglichen Lebens" dennoch (siehe Tabelle 5 sowie Münder et al. 2013, 243 ff.; Schwab 2013b, Rz. 776 ff.).

Tab. 5: Abgrenzungsbeispiele zu § 1687 BGB

Regelungs- bereich	Angelegenheiten von erheblicher Bedeutung	Angelegenheiten des täglichen Lebens
Schule/Ausbildung	Wahl der Schulart und Schule, der Ausbildung (sstätte), der Fächer und Fachrichtungen, Entscheidung über Internatserziehung	Entschuldigung im Krankheitsfalle, Teilnahme an Sonderveranstaltungen, Notwendigkeit von Nachhilfe, unbedeutendere Wahlmöglichkeiten im Rahmen des gewählten Ausbildungsgangs (z. B. Wahlfächer, Schulchor)
Gesundheit	Operationen (außer in Eilfällen), medizinische Behandlungen mit erheblichem Risiko, grundlegende Entscheidungen der Gesundheitsvorsorge	Behandlung leichterer Erkrankungen üblicher Art (z. B. Erkältungen), alltägliche Gesundheitsvorsorge, Routineimpfungen
Aufenthalt	Grundentscheidung, bei welchem Elternteil das Kind lebt, freiheitsentziehende Unterbringung	Aufenthaltsbestimmung im Einzelnen (Besuch bei Großeltern, Freunden etc.)

Regelungs-bereich	Angelegenheiten von erheblicher Bedeutung	Angelegenheiten des täglichen Lebens
Umgang	Grundentscheidungen des Umgangs (betreffend Ort und Dimensionen des Umgangs)	Einzelentscheidungen im täglichen Vollzug (z. B. Kontakte des Kindes zu den Nachbarn, Fernhalten eines unerwünschten Freundes)
Urlaubsreise	z. B. Auslandsreise eines zweijährigen Kindes mit Gesamtflugzeit von 10 bis 11 Stunden	Klassenfahrten oder Ferienzeltlager von Jugendlichen
Status- und Namensfragen sowie Fragen der Religion	stets von erheblicher Bedeutung	
Unterhalt	Angelegenheit von erheblicher Bedeutung (siehe insbesondere § 1629 Abs. 2 Satz 2, Abs. 3 Satz 1)	
Vermögenssorge	grundlegende Fragen der Art der Anlage von Kindesvermögen, grundlegende Fragen der Verwendung	Vergleichsweise unbedeutende Angelegenheiten (etwa Verwaltung von kleineren Geldgeschenken)

9.3   Das gerichtliche Verfahren in Kindschafts-sachen

Wesentlicher Maßstab für die Ausübung des elterlichen Sorgerechts ist das „Kindeswohl". Dies gilt auch für alle gerichtlichen Entscheidungen der Familiengerichte. Diese haben gemäß § 1697a diejenigen Entscheidungen zu treffen, die unter Berücksichtigung der tatsächlichen Gegebenheiten und Möglichkeiten sowie der berechtigten Interessen der Beteiligten dem Wohl des Kindes am besten entsprechen.

Dabei haben die Familiengerichte zwecks Durchsetzung des materiellen Zivilrechts des BGB („Recht haben") ergänzend das hier maßgebliche Verfahrens- oder Prozessrecht (zwecks: „Recht durchsetzen") zu beachten, nämlich das Gesetz über das Verfahren in Familiensachen und in den Angelegenheiten der freiwilligen Gerichtsbarkeit (FamFG), insbesondere die in Übersicht 35 genannten Verfahrensvorschriften.

Weitere Verfahrensvorschriften des FamFG

Übersicht 35

Die für das Kindschaftsrecht wichtigsten Verfahrensvorschriften für das Familiengericht nach dem FamFG sind:

1. § 26 FamFG, Ermittlungen von Amts wegen
2. § 162 FamFG, Mitwirkung des Jugendamtes
3. § 158 FamFG, Bestellung eines Verfahrensbeistands („Anwalt des Kindes"), insbesondere bei erheblichen Interessengegensätzen zwischen Kind und gesetzlichem Vertreter und bei Maßnahmen nach §§ 1666, 1666a
4. § 160 FamFG, Anhörung der Eltern
5. § 159 FamFG, Anhörung des Kindes
6. § 156 FamFG, Hinwirken auf Einvernehmen
7. § 165 FamFG, Vermittlung betreffend Umgang mit dem Kind
8. § 155 FamFG, Vorrang- und Beschleunigungsgebot

Vertiefung (9.3.1 bis 9.3.8):

9.3.1   Ermittlungen von Amts wegen

Zivilgerichtliche Entscheidungen werden (auf der Basis der Zivilprozessordnung – ZPO) grundsätzlich allein aufgrund der Darlegungen der Parteien getroffen. Etwas nicht Vorgetragenes, und sei es auch noch so wichtig, bleibt im allgemeinen Zivilprozess unberücksichtigt („Darlegungsgrundsatz"). Es wäre jedoch in Kindschaftssachen fatal, würde sich das Gericht z. B. in einem Verfahren wegen Sorgerechtsentzugs allein auf den (sicher oft einseitigen oder unvollständigen) Tatsachenvortrag von Erwachsenen stützen müssen, die ggf. das Sorgerecht missbraucht haben.

Deshalb heißt es in § 26 FamFG: „Das Gericht hat von Amts wegen die zur Feststellung der entscheidungserheblichen Tatsachen erforderlichen Ermittlungen durchzuführen." Das Gericht entscheidet also nach dem so genannten „Amtsermittlungsgrundsatz" und nimmt von sich aus eine umfassend angelegte Sachverhaltsaufklärung vor.

9.3.2   Mitwirkung des Jugendamtes

Wichtigster „behördlicher Partner" des Familiengerichts ist das Jugendamt, das umfangreiche gesetzliche Aufgaben zu Gunsten von Kindern, Jugendlichen und Familien insbesondere nach dem SGB VIII und dem BGB wahrnimmt und die betroffenen jungen Menschen und deren Familien und Lebensumstände in der Regel auch am besten kennt. Zudem sind die Aufgaben von Jugendamt und Familiengericht in vielfältiger Weise verwoben und aufeinander bezogen. Schließlich ist das Jugendamt die „sozialpädagogische Fachbehörde schlechthin", deren Sachverstand unbedingt auch für das familiengerichtliche Verfahren genutzt werden sollte. Von daher schreibt der Gesetzgeber in § 162 FamFG die Mitwirkung des Jugendamts bei fast allen wichtigen Themen, die Minderjährige betreffen, im familiengerichtlichen Verfahren vor. Die damit korrespondierende Mitwirkungsverpflichtung des Jugendamts ist im § 50 Abs. 1 Satz 2 SGB VIII statuiert (siehe Übersicht 36).

Mitwirkung des Jugendamtes beim familiengerichtlichen Verfahren gemäß § 50 Abs. 1 Satz 2 SGB VIII in:

Übersicht 36

1. Kindschaftssachen
2. Abstammungssachen
3. Adoptionssachen
4. Ehewohnungssachen
5. Gewaltschutzsachen

9.3.3 Bestellung eines Verfahrensbeistands

Das Gericht muss gemäß § 158 Abs. 1 FamFG in bestimmten Verfahren, insbesondere wenn Interessengegensätze zwischen dem Kind und dem gesetzlichen Vertreter bestehen, dem minderjährigen Kind einen Verfahrensbeistand bestellen (so genannter „Anwalt des Kindes"; vgl. dazu im Einzelnen Kapitel 10.3.2).

9.3.4 Anhörung der Eltern

Um sich einen umfassenden Eindruck verschaffen zu können, hört das Familiengericht in Sorgerechtsverfahren die Eltern an, und zwar in der Regel persönlich (§ 160 FamFG).

9.3.5 Anhörung des Kindes

Ebenfalls hört das Familiengericht – eigentlich selbstverständlich – auch das Kind als „Hauptbetroffenen" in Sorgerechtsangelegenheiten umfassend, wenn auch dem Alter entsprechend, an, und zwar ebenfalls zumeist persönlich (vgl. § 159 FamFG).

9.3.6   Hinwirken auf Einvernehmen

Im materiellen elterlichen Sorgerecht (insbesondere bei gemeinsamer elterlicher Sorge nach §§ 1627, 1628 und bei elterlicher Sorge nach Trennung und Scheidung, § 1671) spielt der Aspekt des Einvernehmens zwischen den Eltern eine zentrale Rolle. Dieser Grundgedanke des Treffens einvernehmlicher Entscheidungen findet in § 156 FamFG seine konsequente prozessuale Fortsetzung. Danach soll das Gericht in einem die Person eines Kindes betreffenden Verfahren so früh wie möglich und in jeder Lage des Verfahrens auf ein Einvernehmen der Beteiligten hinwirken. Darüber hinaus soll das Gericht die Beteiligten so früh wie möglich anhören und auf bestehende Möglichkeiten der Beratung durch die Beratungsstellen und -dienste der Träger der Kinder- und Jugendhilfe insbesondere zur Entwicklung eines einvernehmlichen Konzepts für die Wahrnehmung der elterlichen Sorge und der elterlichen Verantwortung hinweisen. Dabei ist insbesondere die Trennungs- und Scheidungsberatung nach § 17 SGB VIII von Bedeutung.

9.3.7   Vermittlung betreffend Umgang mit dem Kind

§ 165 FamFG stellt gleichsam die „prozessuale Ergänzung" der §§ 1684 f. über Umgangsrechte dar (vgl. Kapitel 7.4). Ziel der Vermittlungsverfahren ist es insbesondere, dass die Eltern (wieder) Einvernehmen über die oft komplizierte Ausübung des Umgangs erzielen. Die Regelungen eröffnen dabei eine breite Palette von Verfahrensalternativen für das Gericht.

9.3.8   Vorrang- und Beschleunigungsgebot

Gemäß § 155 FamFG sind Kindschaftssachen von besonderer Bedeutung „vorrangig und beschleunigt" durchzuführen. Näheres zu Verfahren nach § 1626a Abs. 2 BGB betreffend die familiengerichtliche Übertragung der gemeinsamen elterlichen Sorge ist nunmehr in § 155a FamFG geregelt worden.

Weitere Vertiefung:

Übersicht 37

Aufgaben der Kinder- und Jugendhilfe im Zusammenhang mit Sorge- und Umgangsrechten, beim Kinderschutz und beim gerichtlichen Verfahren

1. Allgemeine Förderung der Erziehung in der Familie (§ 16 SGB VIII)
2. Beratung in Fragen der Partnerschaft, Trennung und Scheidung (§ 17 SGB VIII):
   - Partnerschaftsberatung
   - Krisen- und Konfliktbewältigungsberatung (auch: nach § 16 Abs. 1 Satz 3 SGB VIII)
   - Trennungs- und Scheidungsberatung
   - Entwicklung einvernehmlicher Sorgerechtskonzepte
3. Beratung und Unterstützung bei der Ausübung der Personensorge und bei Umgangsfragen (§ 18 SGB VIII)
   - von Mütter und Vätern bei der Ausübung der Personensorge
   - von Kindern/Jugendlichen sowie Eltern und anderen Umgangsberechtigten bei Umgangsfragen
4. weitere Aufgaben mit Blick auf Eltern und Personensorgeberechtigte in speziellen familiären Lebenssituationen (§§ 19 bis 21 SGB VIII)
5. Hilfe zur Erziehung (vgl. das breite Spektrum der §§ 27, 28 bis 35 SGB VIII)
6. Maßnahmen zum Schutz von Kindern und Jugendlichen (§§ 8a, 42 SGB VIII, Gesetz zur Kooperation und Information im Kinderschutz)
7. Zusammenarbeit mit den Familiengerichten (§ 50 Abs. 1 und 2 SGB VIII) sowie Pflicht zur Anrufung des Familiengerichts zwecks Abwendung von Kindeswohlgefährdung (§ 8a Abs. 2 Satz 1 SGB VIII)
8. Mitteilungen über Sorgeerklärungen (§ 58a SGB VIII)
9. (Kostenfreie) Beurkundung von Erklärungen nach § 1626a Abs. 1 Nr. 1, gemeinsam die Sorge übernehmen zu wollen (Sorgeerklärungen; § 59 Abs. 1 Satz 1 Nr. 8 SGB VIII)

📖 Literatur

Kemper, R., Schreiber, K. (Hrsg.) (2011): Familienverfahrenrecht. Handkommentar. 2. Aufl.

Meysen, T. (Hrsg.) (2009): Das Familienverfahrensrecht FamFG. Praxiskommentar

Münder, J., Mutke, B., Seidenstücker, B., Tammen, B., Bindel-Kögel, G. (2007): Die Praxis des Kindschaftsrechts in Jugendhilfe und Justiz

Schulte-Bunert, K., Weinreich, G. (Hrsg.) (2014): FamFG. Kommentar. 4. Aufl.

Sünderhauf, H. (2013): Wechselmodell: Psychologie – Recht – Praxis. Abwechselnde Kinderbetreuung durch Eltern nach Trennung und Scheidung
Wallerstein, J. S., Lewis, J. (2001): Langzeitwirkungen der elterlichen Scheidung auf Kinder. Eine Längsschnittuntersuchung über 25 Jahre
Wallerstein, J. S., Lewis, J., Blakeslee, S. (2002): Scheidungsfolgen. Die Kinder tragen die Last. Eine Langzeitstudie über 25 Jahre

Fall 9: Scheidung, elterliche Sorge und Umgang

Martin (M) und Franziska (F), Vater und Mutter von Kurt (K), haben sich scheiden lassen. Wer hat in folgenden Fällen nach der Scheidung das elterliche Sorgerecht im Hinblick auf den 5-jährigen K?

9.1. M und F haben vor und nach dem Scheidungsverfahren im Hinblick auf das Sorgerecht nichts unternommen. M möchte jedoch mit K nach Kanada auswandern.

9.2. F hat beantragt, dass ihr das Familiengericht die elterliche Sorge allein überträgt. M ist einverstanden. K hat nicht widersprochen.

9.3. Wie 2. – K will aber unbedingt bei M bleiben.

9.4. Wie 3. – K wäre jetzt aber 15 Jahre alt.

9.5. Abwandlung des Falles: M und F haben beide im Zusammenhang mit der Scheidung jeweils einen Antrag auf Übertragung der Alleinsorge je auf sich gestellt.

9.6. Was wäre, wenn (nur) K (jetzt wiederum 15 Jahre alt) den Antrag stellte, dass F die Alleinsorge erhält?

Weitere Abwandlung: F hat das alleinige Sorgerecht für den 5-jährigen K erhalten.

9.7. Darf M seinen Sohn K besuchen? Wie oft und wie lange?

9.8. Was wäre, wenn sich M und F darüber nicht einig werden könnten?

9.9. Was wäre, wenn aufgrund konkreter Umstände zu befürchten wäre, dass M den 5-jährigen K ins Ausland entführen will?

9.10. Gesetzt den Fall, K lebte bei der Familie X in Vollzeitpflege nach § 33 SGB XIII. Dürften die Eltern M und F ihn gelegentlich besuchen?

9.11. Was wäre, wenn sie ständig unangemeldet vor der Tür des Hauses von Familie X auftauchten und sich darüber hinaus täglich telefonisch meldeten?

9.12. Was wäre, wenn M den Sohn K früher mehrmals sexuell missbraucht hätte?

10 Elterliche Sorge IV

Eltern haben gemäß Art. 6 Abs. 2 Satz 1 GG das Recht und die Pflicht, das Kind zu pflegen und zu erziehen; sie haben das elterliche Sorgerecht nach Maßgabe der §§ 1626 ff. auszuüben. Zugleich wacht darüber gemäß Art. 6 Abs. 2 Satz 2 GG die staatliche Gemeinschaft („staatliches Wächteramt"; siehe dazu Kapitel 1.2). Der Staat muss also einschreiten, wenn das Wohl von Kindern und Jugendlichen gefährdet ist.

Insoweit zuständige Stellen sind für vorläufige Maßnahmen zum Schutz von Kindern und Jugendlichen das Jugendamt nach §§ 8a, 42 SGB VIII und für Eingriffe in das (grundgesetzlich geschützte!) elterliche Sorgerecht das (unabhängige) Familiengericht. Letzteres entscheidet bei Gefährdung des Kindeswohls und bei Vorliegen der übrigen Voraussetzungen von § 1666 Abs. 1 und trifft die im Einzelfall nach §§ 1666, 1666a, 1667 gebotenen Regelungen.

10.1 Gefährdung des Kindeswohls

Eine Einschränkung oder gar die vollständige Entziehung des grundgesetzlich geschützten elterlichen Sorgerechts sind nur zulässig, wenn die Voraussetzungen des § 1666 Abs. 1 erfüllt sind, wobei von jeder der in Übersicht 38 genannten beiden Gruppen zumindest jeweils ein Tatbestandsmerkmal erfüllt sein muss.

**Voraussetzungen für Maßnahmen des Familien-
gerichts nach § 1666 Abs. 1**

Übersicht 38

1. Es liegt vor
1.1 eine konkrete Gefährdung des Kindeswohls, und zwar entweder des
   - körperlichen,
   - geistigen oder
   - seelischen Wohls des Kindes,
1.2 oder seines Vermögens.

2. Zugleich sind die Eltern
2.1 nicht gewillt oder
2.2 nicht in der Lage,
die Gefahr abzuwenden (z. B. durch Zustimmung zu Maßnahmen nach §§ 27 ff. SGB VIII / Kinder- und Jugendhilfe).

10.1.1 Konkrete Gefährdung des Kindeswohls oder des Vermögens des Kindes

Das „Kindeswohl", der zentrale Maßstab für die Ausübung des elterlichen Sorgerechts und zugleich für familiengerichtliche Eingriffe in dieses, ist ein unbestimmter Rechtsbegriff. Dieser muss im Einzelfall mit Blick auf das betroffene Kind und dessen konkrete Lebenssituation und mit Blick auf das Ziel seiner Förderung zu einer eigenverantwortlichen und gemeinschaftsfähigen Persönlichkeit (vgl. § 1 Abs. 1 SGB VIII) konkretisiert werden. Das „Kindeswohlprinzip" wird in § 1697a in allgemeiner Form wie folgt umschrieben: das Familiengericht trifft „diejenige Entscheidung, die unter Berücksichtigung der tatsächlichen Gegebenheiten und Möglichkeiten sowie der berechtigten Interessen der Beteiligten dem Wohl des Kindes am besten entspricht".

Das Wohl des Kindes – oder seines Vermögens – muss aufgrund nachgewiesener oder glaubhaft gemachter tatsächlicher Umstände nach der Überzeugung des Familiengerichts konkret (also: nicht nur abstrakt!) gefährdet sein. Dies ist dann der Fall, wenn ein Schaden für seine körperliche, geistige und / oder seelische Entwicklung oder für sein Vermögen mit hoher Wahrscheinlichkeit konkret zu erwarten ist. Es muss sich dabei um eine gegenwärtige, in einem solchen Maße vorhandene Gefahr handeln, dass sich voraussagen lässt, dass bei unveränderter Weiterentwicklung der Verhältnisse bei dem Kind mit ziemlicher Sicherheit eine erhebliche Schädigung auftritt (so die ständige Rechtsprechung seit BGH FamRZ 1956, 350; BGH FamRZ 2012, 1127; Schwab 2013b, Rz. 741 ff.; Palandt, Bürgerliches Gesetzbuch, § 1666, 3b). Die realen Gefahrenlagen beruhen zumeist auf Vernachlässigung, körperlicher und / oder seelischer Misshandlung des Kindes, sexuellem Missbrauch, Autonomiekonflikten oder Erwachsenenkonflikten um das Kind / Zuordnungskonflikten (dazu eingehend Münder et al. 2013, 220 ff.). Auf ein Verschulden des / der Personensorgeberechtigten kommt es dabei nicht an (Schwab 2013b, Rz. 744).

Das körperliche Wohl des Kindes ist gefährdet bei körperlichen Misshandlungen wie Schlägen, Verletzungen, bei sexuellem Missbrauch, bei Vorenthaltung von Pflege, ausreichender Nahrung oder Gesundheitsfürsorge etc. Das geistige Wohl des Kindes ist z. B. bei Vorenthalten von Bildung und Erziehung gefährdet, insbesondere bei Weigerung, das Kind zur Schule zu schicken (BGH FamRZ 2008, 45).

Das seelische Wohl ist in der Regel ebenfalls bei körperlichen Misshandlungen oder bei sexuellem Missbrauch, bei Zufügung seelischer Qualen, bei psychischen Misshandlungen oder Vernachlässigungen, bei häufigen Beleidigungen, grober Ablehnung, Isolation, Verwahrlosung; bei Vorenthaltung von Liebe, Wärme, Nähe, Schutz und Fürsorge, ggf. auch bei Autonomiekonflikten (z. B. bei Migrantenfamilien) gefährdet (vgl. dazu OLG Düsseldorf FamRZ 1984, 1258; OLG Köln ZfJ 2001, 157). Relevant sein können auch unnötige und unzureichend vorbereitete Veränderungen der Lebensumwelt (BGH FamRZ 1963, 560) oder die hartnäckige Verweigerung des Umgangsrechts des anderen Elternteils (BGH FamRZ 2012, 99). Bestimmte Formen der Gefährdung des seelischen Wohls des Kindes sind – gerade bei kleineren Kindern, die sich noch nicht hinreichend sprachlich artikulieren können – mitunter besonders schwer festzustellen.

Das Vermögen des Kindes schließlich ist gefährdet, wenn die Eltern z. B. durch eigennützige oder wirtschaftlich unsinnige Maßnahmen die Verminderung oder gar den Verlust des Vermögens des Kindes riskieren.

10.1.2   Eltern können/wollen die Gefahr nicht abwenden

Des Weiteren muss als Vorraussetzung für einen familiengerichtlichen Eingriff in die elterliche Sorge auch das zweite Tatbestandsmerkmal des § 1666 Abs. 1 erfüllt sein: Es muss so sein, dass die Eltern entweder nicht gewillt oder nicht dazu in der Lage sind, die Gefahr für das Kindeswohl abzuwenden. Sind die Eltern allerdings in diesem Sinne dazu bereit und in der Lage, besteht keine Gefahr für das Kindeswohls mehr und deshalb kein Grund (mehr), Maßnahmen durch das Familiengericht nach § 1666 anzuordnen und dadurch in das Elternrecht nach Art. 6 Abs. 2 Satz 1 GG einzugreifen.

Gefahren beseitigend in diesem Sinne können z. B. (bisher verweigerte) Zustimmungen der Eltern etwa zu einer Operation oder das (zur Überzeugung des Gerichts glaubhaft gemachte) Beendigen sonstiger Kindeswohl gefährdender Handlungen sein. Klassischer Fall der Gefahrenbeseitigung ist die Zustimmung der Personensorgeberechtigten zu Hilfen zur Erziehung nach den §§ 27 ff. SGB VIII, die ein breites Spektrum von ambulanten, teilstationären und vollstationären Maßnahmen bis hin zur Heimunterbringung umfassen. Sind die Eltern insoweit jedoch nicht kooperativ und insbesondere nicht dazu bereit, einen entsprechenden Antrag auf Hilfe zur Erziehung beim Jugendamt zu stellen, dann ist insoweit auch das zweite Tatbestandsmerkmal des § 1666 Abs. 1 erfüllt.

10.2   Familiengerichtliche Entscheidungen

Bei Vorliegen der Tatbestandsvoraussetzungen des § 1666 Abs. 1 (siehe Kapitel 10.1) „hat das Familiengericht" nach der Rechtsfolge derselben Gesetzesbestimmung „die Maßnahmen zu treffen, die zur Abwendung der Gefahr erforderlich sind." Das Familiengericht muss (!) hier also tätig werden und die im Einzelfall jeweils gebotene Anordnung treffen. Dabei kommt ein breites Spektrum von Maßnahmen in Betracht (siehe Übersicht 39).

Familiengerichtliche Entscheidungen nach §§ 1666, 1666a, 1667

Übersicht 39

1. Das Familiengericht hat (= muss!) die zur Abwendung der Gefahr erforderlichen Maßnahmen zu treffen, z. B.

– Erteilung von Auflagen,

– Gebote und Verbote (§ 1666 Abs. 3 Nr. 1 bis 4),

– Ersetzung von Erklärungen (§ 1666 Abs. 3 Nr. 5),

– Maßnahmen gegenüber Dritten (§ 1666 Abs. 4),

– bei Gefährdung des Kindesvermögens: Anordnungen nach § 1667 (Anlegen eines Vermögensverzeichnisses, Rechnungslegung, Abgabe von Versicherungen, Anordnungen zur Vermögensanlage u. a.),

– Entzug des Aufenthaltsbestimmungsrechts und Übertragung auf einen Pfleger (§ 1666 Abs. 3 Nr. 6),

- Entzug des Rechts, Hilfen zur Erziehung zu beantragen, und Übertragung auf einen Pfleger (§ 1666 Abs. 3 Nr. 6),
- Entzug des Personensorgerechts und Übertragung auf einen Pfleger (§ 1666 Abs. 3 Nr. 6),
- Entzug des gesamten elterlichen Sorgerechts und Bestellung eines Vormunds (§ 1666 Abs. 3 Nr. 6).

2. Dabei – beim „ob" und „wie" der zu treffenden Maßnahmen – sind zu beachten:
- der Grundsatz der Verhältnismäßigkeit (§ 1666a Abs. 1)
- und die Nachrangigkeitsklausel betreffend den Entzug der gesamten Personensorge (§ 1666a Abs. 2).

Welche der in Betracht kommenden Maßnahmen im Einzelfall konkret anzuordnen ist, erfordert eine eingehende und sorgfältige gerichtliche Prüfung. Entscheidender rechtlicher Orientierungspunkt ist auch dafür das Kindeswohl bzw. das Ziel der Abwendung der Gefährdung desselben im Interesse des Kindes. Andererseits wird durch gerichtliche Maßnahmen das grundgesetzlich geschützte elterliche Sorgerecht (Art. 6 Abs. 2 Satz 1 GG) tangiert, eingeschränkt oder sogar vollständig entzogen. Die Schwere des Eingriffs muss deshalb in einem angemessenen Verhältnis zum angestrebten Erfolg stehen (BVerfG FamRZ 2002, 1021; 2008, 492; 2010, 713; BGH FamRZ 2012, 99). Und bei mehreren geeigneten Maßnahmen muss diejenige gewählt werden, die am wenigsten in das Elternrecht eingreift (a. a. O. sowie Schwab 2013b, Rz. 749). Deshalb muss sich das Familiengericht an folgenden generellen rechtlichen Maßstäben orientieren:

- „soviel Eingriff in das elterliche Sorgerecht wie nötig", um die Gefährdung des Kindeswohls abzuwenden;
- aber auch „nur" so viel Eingriff wie erforderlich, um dieses Ziel zu erreichen und um nicht „unnötig weitreichend" in das elterliche Sorgerecht einzugreifen.

Insoweit hat das Familiengericht auch aufgrund des (aus Art. 20 Abs. 3 GG abgeleiteten) rechtstaatlichen Grundsatzes der Verhältnismäßigkeit zu entscheiden, der in § 1666a die folgenden spezifischen Ausprägungen erhalten hat:

- Keine Trennung des Kindes von der elterlichen Familie, wenn andere Maßnahmen, insbesondere durch öffentliche Hilfen zur Erziehung, möglich erscheinen (§ 1666a Abs. 1 Satz 1),
- Entzug der gesamten Personensorge nur dann, wenn andere Maßnahmen erfolglos geblieben sind oder wenn anzunehmen ist, dass sie zur Abwendung der Gefahr nicht ausreichen (§ 1666a Abs. 2).

Vertiefung: Unter Zugrundelegung dieser rechtlichen Parameter kann es im Rahmen des oben genannten Maßnahmenspektrums z. B. ausreichen, eine (bislang nicht vorliegende) Erklärung der Eltern zu ersetzen (z. B. fehlende Zustimmung zu einer Operation) oder ihnen aufzuerlegen, bestimmte ärztliche oder zahnärztliche Untersuchungen oder Behandlungen bei dem Kind durchführen zu lassen. Für die familiengerichtliche Anordnung der Fortsetzung einer Psychotherapie durch einen Elternteil beinhaltet § 1666 allerdings keine Rechtsgrundlage (BVerfG ZKJ 2011, 98). Eine „klassische", mittelschwere gerichtliche Maßnahme besteht in der Kombination der folgenden Entscheidungen:

- Entzug des Aufenthaltsbestimmungsrechts nach § 1631 Abs. 1 als Teil des elterlichen Sorgerechts
- sowie Entzug des Rechts, Anträge auf Hilfe zur Erziehung nach §§ 27 ff. SGB VIII zu stellen,
- beides verbunden mit der Bestellung eines Pflegers nach § 1909 (siehe dazu Kapitel 12.2), der in Wahrnehmung der den Eltern entzogenen Rechte die Antragstellung nach § 27 SGB VIII und z. B. die Unterbringung des Kindes in einer Pflegefamilie oder in einem Heim (nach §§ 33, 34 SGB VIII) in die Wege leitet.

Ist auch dies im Einzelfall nicht ausreichend, müssen ggf. noch gravierendere Maßnahmen getroffen werden: z. B. Entzug weiterer Teile des Personensorgerechts bzw. des gesamten Personensorgerechts und Übertragung dieser Rechte auf einen Pfleger oder äußerstenfalls sogar „Vollentzug" der gesamten elterlichen Sorge (Personensorge, Vermögenssorge sowie jeweils die gesetzliche Vertretung) und Bestellung eines Vormunds, sofern kein anderer sorgeberechtigter Elternteil vorhanden ist. Der Entzug der (gesamten) elterlichen Sorge ist jedoch nur zulässig, wenn alle (anderen) Möglichkeiten von helfenden, unterstützenden Maßnahmen auf Herstellung oder Wiederherstellung eines verantwortungsgerechten Verhaltens der leiblichen Eltern ausgeschöpft sind (BVerfG

FuR 2010, 278). Lebt ein Kind in einer Pflegefamilie, muss der Erlass einer Verbleibensanordnung nach § 1632 Abs. 4 als im Verhältnis zum Sorgerechtsentzug milderes Mittel erwogen werden (BGH FamRZ 2014, 543).

10.3　Verfahrensvorschriften

Bei Verfahren nach §§ 1666, 1666a, 1667 ist ebenfalls das FamFG einschlägig (siehe Kapitel 9.3). Außerdem haben Jugendamt und Familiengericht in mehrfacher Hinsicht miteinander zu kooperieren („Verantwortungspartnerschaft für das Kindeswohl.") Das Familiengericht hat deshalb insbesondere die folgenden Verfahrensvorschriften bei Entscheidungen nach §§ 1666 ff. zu beachten:

1. Ermittlungen von Amts wegen (§ 26 FamFG),
2. Anhörungen, Hinwirken auf einvernehmliche Regelungen, Vermittlungen (§§ 160, 159, 165, 156 FamFG),
3. Bestellung eines Verfahrensbeistands für das Kind („Anwalt des Kindes": Verfahrenspfleger nach § 158 FamFG) und
4. Zusammenarbeit mit dem Jugendamt (§ 162 FamFG, §§ 50, 17, 18, 52a, ggf. §§ 8a, 42 SGB VIII).

Vertiefung (10.3.1 bis 10.3.3):

10.3.1　Ermittlungen von Amts wegen, Anhörungen, Hinwirken auf einvernehmliche Regelungen, Vermittlungen

Erneut (vgl. Kapitel 9.3) wird verwiesen auf § 26 FamFG (Amtsermittlungsgrundsatz) sowie auf die §§ 160, 159, 165, 156 FamFG.

10.3.2　Bestellung eines Verfahrensbeistands für das Kind

Gemäß § 158 Abs. 1 FamFG „hat" das Gericht dem minderjährigen Kind einen Verfahrensbeistand für ein seine Person betreffendes Verfahren bestellen, soweit dies zur Wahrnehmung seiner Interessen erforderlich ist.

Eine Bestellung „ist in der Regel erforderlich" (§ 158 Abs. 2 FamFG), wenn es sich um erhebliche Interessengegensätze handelt oder wenn es um bestimmte Maßnahmen nach §§ 1666 ff. BGB geht. Näheres zu den Aufgaben des Verfahrensbeistandes ist § 158 Abs. 4 FamFG zu entnehmen (insbesondere: Interessenvertretung für das Kind; Information, Gesprächsführung, Mitwirkung am Zustandekommen einvernehmlicher Regelungen; Einlegung von Rechtsmitteln; der Verfahrensbeistand ist allerdings nicht gesetzlicher Vertreter des Kindes, § 158 Abs. 4 Satz 6 FamFG).

Verfahrensbeistände können sach- und rechtskundige Fachkräfte der Sozialen Arbeit, Juristinnen / Juristen oder andere, gesetzlich nicht näher bestimmte, für diese Aufgabe geeignete Personen sein (zu Aufgabe und Bedeutung des Verfahrensbeistandes vgl. auch BVerfGE 72, 122; Münder et al. 2013, 231 f.).

10.3.3 Zusammenarbeit mit dem Jugendamt

Auch im Zusammenhang mit dem Problemfeld „Kindeswohlgefährdung" bestehen unterschiedliche Aufgaben von Familiengericht und Kinder- und Jugendhilfe (insbesondere: Jugendamt) und wechselseitige Kooperationsverpflichtungen (siehe Kapitel 9.3).

Weitere Vertiefung:

Übersicht 40

Aufgaben und wechselseitige Kooperationsverpflichtungen von Familiengericht und Jugendamt im Zusammenhang mit Entscheidungen nach §§ 1666 ff.

1. Familiengericht
- Ermittlungen von Amts wegen (§ 26 FamFG)
- Treffen von Entscheidungen (nach §§ 1666 ff.)
- Absehen von solchen Entscheidungen, wenn Maßnahmen nach §§ 27 ff. SGB VIII ausreichen
- Überprüfung und Abänderung von Entscheidungen (§ 1696)
- Anhörung des Jugendamtes (§ 162 FamFG)
- Beachtung weiterer Verfahrensbestimmungen (§§ 151 ff. FamFG)

2. Jugendamt

- Gewährung von Leistungen der Kinder- und Jugendhilfe (§§ 11 bis 41 SGB VIII), insbesondere von Beratungsleistungen nach §§ 16, 17, 18 SGB VIII sowie von Hilfen zur Erziehung nach §§ 27 ff. SGB VIII
- Wahrnehmung der so genannten „anderen Aufgaben" zum Schutz von Kindern und Jugendlichen (§§ 42 ff. SGB VIII)
- Zusammenarbeit mit dem Familiengericht (§ 50 SGB VIII)
- Anrufen des Familiengerichts, wenn Entscheidungen nach §§ 1666 ff. als geboten erscheinen (§ 8a Abs. 2 Satz 1 SGB VIII)
- Treffen vorläufiger Schutzmaßnahmen (§§ 8a Abs. 2 Satz 2, 42 SGB VIII)

Literatur

Balloff, R. (2004): Kinder vor dem Familiengericht
Dettenborn, H. (2014): Kindeswohl und Kindeswille. Psychologische und rechtliche Aspekte. 4. Aufl.
Münder, J., Mutke, B., Seidenstücker, B., Tammen, B., Bindel-Kögel, G. (2007): Die Praxis des Kindschaftsrechts in Jugendhilfe und Justiz
Röchling, W. (Hrsg.) (2009): Handbuch Anwalt des Kindes. 2. Aufl.
Salgo, L., Zenz, G., Fegert, J. u. a. (Hrsg.) (2014): Verfahrensbeistandschaft. Ein Handbuch für die Praxis. 3. Aufl.

Fall 10: Erziehungsmethoden und Entzug des Sorgerechts

Mutter Marie (M) und Vater Valentin (V) sind die miteinander verheirateten Eltern des Kindes K. In welchen der folgenden Fälle handelt es sich um zulässige erzieherische Maßnahmen bzw. liegt eine Gefährdung des Kindeswohls vor – und in welchen Fällen wird das Familiengericht welche Maßnahmen unter welchen rechtlichen Voraussetzungen treffen?

10.1. M und V „verhängen" eine viertägige „Ausgangssperre" für K, weil er schlechte Noten in der Schule hat und für die nächsten Klassenarbeiten lernen soll.

10.2. M und V kürzen K das Taschengeld, weil er wiederholt zu spät nach Hause gekommen ist.

10.3. V verprügelt K regelmäßig mit Stockschlägen, so dass dieser Verletzungen davonträgt, die jedoch immer wieder bald abheilen. M duldet dies aus Angst vor V.

10.4. V und M weigern sich, K in die Schule zu schicken.

10.5. K erhält allerdings privat Musikunterricht von dem in der Nachbarwohnung desselben Mietshauses wohnenden Musiklehrer L. Dieser hat sich K regelmäßig in unsittlicher Weise angenähert. M und V möchten L deshalb den Umgang mit K verbieten. Außerdem möchten sie, dass L aus dem Hause auszieht.

10.6. V und M sind Mitglieder der Zeugen Jehovas. K ist lebensgefährlich erkrankt. Eine Bluttransfusion könnte ihn retten, die jedoch von M und V aus religiösen Gründen abgelehnt wird.

11 Annahme als Kind (Adoption)

Annahme als Kind (lateinisch: Adoption) bedeutet Herausnahme eines Kindes aus seinen rechtlichen (und zumeist auch sozialen, wenn auch nicht genetischen) Beziehungen zu seiner bisherigen Mutter und seinem bisherigen Vater und Begründung eines neuen rechtlichen (und sozialen) Eltern-Kind-Verhältnisses zu einer „neuen" Mutter und/oder einem „neuen" Vater. Insbesondere für das Kind, aber auch für die „alten" und „neuen" Eltern hat dies tief greifende persönliche Folgen. Zugleich beinhaltet die Annahme als Kind die denkbar gravierendsten familienrechtlichen Konsequenzen: nämlich die komplette Ersetzung der rechtlichen Elternschaft (Mutterschaft/Vaterschaft, elterliche Sorge, Umgangsrechte, Unterhaltsrechte und -verpflichtungen u.a). Von daher müssen für die Annahme als Kind zahlreiche rechtliche Voraussetzungen erfüllt sein.

Im Folgenden wird die Annahme eines minderjährigen Kindes behandelt. Für die Annahme Volljähriger gelten gemäß § 1767 ff. einige Sonderregelungen; u. a. erstrecken sich gemäß § 1770 Abs. 1 die Wirkungen der Annahme nicht (automatisch) auf die Verwandten des Annehmenden.

Vertiefung: Die Anzahl der Annahmen als Kind in Deutschland ist aufgrund von Maßnahmen der Empfängnisverhütung, von Abtreibungen, insgesamt rückläufigen Kinderzahlen und verbesserten Leistungen der Kinder-, Jugend- und Familienhilfen seit den 1950er Jahren von jährlich über 8.000 schrittweise auf 5330 Adoptionen im Jahr 2003 (Statistisches Bundesamt 2004b) und weiter auf 3886 im Jahre 2012 (Statistisches Bundesamt 2013) zurückgegangen, so dass derzeit in Deutschland für jedes zur Adoption vorgemerkte Kind rechnerisch etwa 10 bis 20 mögliche Adoptiveltern zur Verfügung stehen.

11.1 Voraussetzungen der Annahme als Kind

Wegen der tief greifenden Konsequenzen der Annahme als Kind müssen dafür zahlreiche rechtliche Voraussetzungen erfüllt sein (siehe Übersicht 41).

Voraussetzungen für eine Annahme als Kind (Adoption)

Übersicht 41

1. Antrag des/der Annehmenden (§ 1752) unter bestimmten persönlichen Voraussetzungen (§§ 1741 Abs. 2, 1742, 1743)

2. Materielle Zulässigkeitsvoraussetzungen
   - Wohl des Kindes; zu erwartendes Eltern-Kind-Verhältnis (§ 1741 Abs. 1)
   - keine entgegenstehenden Interessen „anderer" (§ 1745)

3. Einwilligung
   - des Kindes (§ 1746)
   - seiner Eltern (§ 1747; im Ausnahmefall Ersetzung der Einwilligung gemäß § 1748)
   - und ggf. von Ehegatten (§ 1749)

4. in der Regel: Probezeit/Adoptionspflege (§ 1744)

5. Beschluss des Familiengerichts als definitive Entscheidung über die Annahme als Kind (§ 1752)

11.1.1 Annehmende/Annehmender

Die förmliche Initiative zur Einleitung des Adoptionsverfahrens geht von den/dem/der Annehmenden aus, die gemäß § 1752 Abs. 1 einen entsprechenden Antrag beim Familiengericht stellen müssen, und zwar persönlich, ohne Bedingung oder Zeitbestimmung (Befristung) und in der Form der notariellen (!) Beurkundung (§ 1752 Abs. 2 Satz 2). Antragsteller müssen grundsätzlich mindestens 25 Jahre, in Ausnahmefällen (bei Ehepartnern) muss ein Ehepartner mindestens 25 und der andere mindestens 21 Jahre alt sein. Zurzeit sieht das deutsche Recht die in der Übersicht 42 genannten Möglichkeiten der Annahme als Kind vor.

Wer kann ein Kind annehmen?

Übersicht 42

1. Ehepaare (nur) gemeinschaftlich (§ 1741 Abs. 2 Satz 2)
2. Nicht verheiratete Einzelpersonen allein (§ 1741 Abs. 2 Satz 1)
3. Ehegatte allein bei Kind oder angenommenem Kind des Ehegatten (§ 1741 Abs. 2 Satz 3 sowie § 1742)
4. Ehegatte allein, wenn Ehepartner geschäftsunfähig oder unter 21 Jahre alt (§ 1741 Abs. 2 Satz 4)
5. Lebenspartner/in einer Eingetragenen Lebenspartnerschaft nach dem LPartG allein im Hinblick auf das Kind des Lebenspartners/der Lebenspartnerin (§ 9 Abs. 7 LPartG)

Nicht annehmen können ein Kind (unbeschadet der Annahme allein nach § 1741 Abs. 2 Satz 1):

– unverheiratete Paare gemeinsam
– Partner einer Eingetragenen Lebenspartnerschaft gemeinsam
– ein Ehegatte allein, wenn kein Fall von § 1741 Abs. 2 Satz 2 bis 4

11.1.2 Materielle Zulässigkeitsvoraussetzungen der Annahme als Kind

Ziel, Maßstab und wesentliche materielle Voraussetzung der Annahme als Kind ist, dass diese dem Wohl des Kindes dient und dass zu erwarten ist, dass zwischen dem/der Annehmenden und dem Kind ein Eltern-Kind-Verhältnis entsteht (§ 1741 Abs. 1 Satz 1). Das „Elternwohl" spielt dabei keine rechtlich relevante Rolle. Dies war nach dem BGB von 1900 (und in früheren Jahrhunderten) noch ganz anders gewesen, als mit der Adoption primär erbrechtliche Zwecke verfolgt wurden und ein Mindestalter von 50-Jahren erreicht sein musste.

Das Gericht prüft, ob diese materiellen Voraussetzungen erfüllt sind. Außerdem darf es die Annahme als Kind nicht aussprechen, wenn Interessen insbesondere von Kindern nach § 1745 entgegenstehen.

11.1.3   Einwilligungen

In die Annahme als Kind müssen mehrere Personen einwilligen. Zunächst bedarf die Adoption der Einwilligung des Kindes, im Alter von unter 14 Jahren vertreten durch den gesetzlichen Vertreter, im Alter ab 14 Jahren jedoch durch das Kind selbst mit Zustimmung des gesetzlichen Vertreters (§ 1746 Abs. 1), wobei die von einem Vormund oder Pfleger eventuell verweigerte Zustimmung durch das Gericht ersetzt werden kann (§ 1746 Abs. 3). Ohne seine persönliche Einwilligung kann ein mindestens 14 Jahre altes Kind nicht adoptiert werden!

Einwilligen in die Annahme als Kind müssen gemäß § 1747 auch die „bisherigen" Eltern, also die Mutter und ggf. der Vater des Kindes. Was ist, wenn eine solche Einwilligung verweigert wird, die Adoption jedoch mit Blick auf das Wohl des Kindes als dringend geboten erscheint? Hier musste der Gesetzgeber abwägen zwischen den Interessen des Kindes an einer solchen Adoption und den rechtlichen Interessen der Eltern, zumal eine Adoption gegen deren Willen („Zwangsadoption") einen noch gravierenden Eingriff in Rechte der Eltern darstellt (Entzug der gesamten Elternschaft!) als im Falle von § 1666 (Entzug „nur" des Sorgerechts). Vor diesem Hintergrund hat der Gesetzgeber entschieden, dass eine Ersetzung der Einwilligung der Eltern in die Annahme als Kind durch das Familiengericht gemäß § 1748 nur in den in Übersicht 43 genannten fünf besonderen Fällen in Betracht kommt.

Ersetzung der Einwilligung eines Elternteils in die Adoption nach § 1748, wenn alternativ:

Übersicht 43

1. § 1748 Abs. 1 Satz 1: anhaltend gröbliche Pflichtverletzung und unverhältnismäßiger Nachteil für das Kind
2. § 1748 Abs. 1 Satz 1, Abs. 2: Gleichgültigkeit trotz Belehrung durch Jugendamt und unverhältnismäßiger Nachteil für Kind
3. § 1748 Abs. 1 Satz 2: besonders schwere Pflichtverletzung und voraussichtlich Unmöglichkeit, das Kind in Obhut des Elternteils zu belassen
4. § 1748 Abs. 3: andauernde Erziehungsunfähigkeit wegen einer besonders schweren psychischen Krankheit o. Ä. und u. a. schwere Entwicklungsgefährdung des Kindes
5. § 1748 Abs. 4: (nur) bei Vätern ohne Sorgerecht im Fall von § 1626a Abs. 3, wenn unverhältnismäßiger Nachteil für Kind

Schließlich bedarf es in den Fällen des § 1749 auch der Einwilligung des Ehegatten des Annehmenden und des Ehegatten eines Verheirateten. Entsprechendes gilt nunmehr auch mit Blick auf Lebenspartner einer Eingetragenen Lebenspartnerschaft gemäß § 9 Abs. 6 LPartG.

11.1.4   Wirkungen der Einwilligung der Eltern und Probezeit

Mit der Einwilligung der Eltern in die Annahme als Kind ist eine Art „Zwischenstadium" erreicht: Die bisherigen Eltern sind rechtlich „noch" Eltern, die Annehmenden sind es „noch" nicht. Zudem soll die Annahme in der Regel erst ausgesprochen werden, wenn der Annehmende das Kind eine angemessene Zeit gemäß § 1744 in Pflege (Adoptionspflege) gehabt hat („Probezeit"). Deshalb ist in § 1751 folgendes gesetzlich vorgesehen (siehe Übersicht 44).

Wirkungen der Einwilligung eines Elternteils in die Annahme:

Übersicht 44

1. § 1751 Abs. 1 Satz 1: Ruhen der elterlichen Sorge und des Umgangsrechts
2. § 1751 Abs. 1 Satz 2, 1. Halbsatz: in der Regel wird Jugendamt Vormund (Ausnahmen: gemäß dem 2. Halbsatz sowie Absatz 2)
3. § 1751 Abs. 1 Satz 4: Entscheidungsrecht des Annehmenden in Alltagsangelegenheiten (§ 1688 Abs. 1 und 3 gelten entsprechend)
4. § 1751 Abs. 4 Satz 1: Unterhaltspflicht des Annehmenden ab Inobhutnahme des Kindes

11.1.5   Beschluss des Gerichts

Die Annahme als Kind wird (schließlich) durch staatlichen Hoheitsakt, nämlich durch Beschluss des Familengerichts nach § 1752 ausgesprochen. Dieser Beschluss kann nicht nach dem Tode des Kindes, ggf. aber noch nach dem Tod des Annehmenden ausgesprochen werden (vgl. § 1753). Das familiengerichtliche Verfahren in Adoptionssachen ist in den §§ 186 ff. FamFG geregelt.

11.2 Wirkungen der Annahme als Kind

Aufgrund eines rechtskräftigen Beschlusses nach § 1752 erlangt das Kind gemäß § 1754 die Stellung eines Kindes des/der Annehmenden mit u. a. den in Übersicht 45 genannten umfassenden rechtlichen Wirkungen.

Wirkungen der Annahme als Kind (Adoption)

Übersicht 45

Ersetzung der (gesamten) Wirkungen der (bisherigen) Elternschaft und Begründung eines neuen Eltern-Kind-Verhältnisses sowie Erlangung der rechtlichen Stellung eines Kindes der/des Annehmenden; im Einzelnen:

1. („neue") verwandtschaftliche Beziehungen zu den „neuen" Eltern
2. Unterhaltsrechte und -pflichten
3. Elterliches Sorgerecht
4. Erbrecht
5. Name der Annehmenden (grundsätzlich)
6. Wohnsitz der Annehmenden
7. Deutsche Staatsangehörigkeit (bei Ausländerinnen und Ausländern)

Gemäß § 1755 erlöschen grundsätzlich (Ausnahmen § 1756 – Verwandte/Verschwägerte) die Verwandtschaftsverhältnisse des Kindes und seiner Abkömmlinge zu den bisherigen Verwandten und die sich daraus ergebenden Rechte und Pflichten. Entsprechend der rechtlichen Bedeutung und umfassenden Wirkungen der Annahme als Kind und der persönlichen Konsequenzen für die Annehmenden und insbesondere das Kind selbst ist die Adoption auf Dauer angelegt und kann nur in seltenen Fällen wieder aufgehoben werden, z.B. wegen fehlender Erklärungen, auf deren Abgabe das Familiengericht aber zu achten hat (vgl. § 1760), und insbesondere von Amts wegen gemäß § 1763 dann, wenn dies ausnahmsweise aus schwer wiegenden Gründen zum Wohl des Kindes erforderlich ist und weitere gesetzliche Voraussetzungen erfüllt sind, insbesondere eine erneute Annahme ermöglicht werden soll. Eine solche (seltene) Aufhebung wirkt nur für die Zukunft (vgl. § 1764 Abs. 1 Satz 1).

11.3   Adoptionsvermittlung und Kinder- und Jugendhilfe

Maßstab und zentraler Orientierungspunkt für die Annahme als Kind ist das Wohl des Kindes. Von daher ist die Auswahl des/der Annehmenden im Vorfeld des eigentlichen familiengerichtlichen Adoptionsverfahrens von entscheidender Bedeutung. Diese bedarf sorgfältiger Vorbereitung und ist deshalb den Adoptionsvermittlungsstellen nach dem Adoptionsvermittlungsgesetz (AdVermiG) vorbehalten. Adoptionsvermittlung ist dabei rechtlich definiert als das Zusammenführen von Kindern unter 18 Jahren und Personen, die ein Kind annehmen wollen (Adoptionsbewerber), mit dem Ziel der Annahme als Kind (§ 1 Satz 1 AdVermiG).

Vertiefung:
Weitere wichtige Bestimmungen des AdVermiG

Übersicht 46

– Adoptionsvermittlung ist gemäß § 2 Abs. 1 Satz 1 Aufgabe des Jugendamtes und des Landesjugendamtes bzw. deren Adoptionsvermittlungsstellen.
– Adoptionsvermittlungsstellen gibt es gemäß § 2 Abs. 2 auch bei Wohlfahrtsverbänden und anderen anerkannten Fachorganisationen.
– Für die Internationale Adoptionsvermittlung gelten § 2a sowie mehrere internationale Verträge.
– Mit der Adoptionsvermittlung dürfen nur Fachkräfte mit bestimmten Qualifikationen betraut werden (§ 3).
– Anderen als den genannten Stellen ist die Adoptionsvermittlung verboten (vgl. § 5).
– Verboten sind auch Adoptionsanzeigen (§ 6), Verstöße gegen Datenschutzbestimmungen (vgl. § 9d), die Ersatzmuttervermittlung (vgl. §§ 13c, b) u. a.
– Darüber hinaus enthält das AdVermiG u. a. Vorschriften über die Anerkennung als Adoptionsvermittlungsstelle (§ 4), die Vorbereitung der Vermittlung (§ 7), die Adoptionspflege (§ 8), die Adoptionsbegleitung (§ 9), die Führung von Vermittlungsakten (§ 9b), den Datenschutz (§ 9d) sowie über die Unterrichtung, die Aufgaben sowie die Ausstattung der zentralen Adoptionsstelle (§§ 10, 11, 13).

Die Kinder- und Jugendhilfe ist auch noch in anderen Zusammenhängen mit Fragen der Annahme als Kind (Adoption) befasst (siehe Übersicht 47).

Vertiefung:

Weitere Aufgaben der Kinder- und Jugendhilfe im Zusammenhang mit der Annahme als Kind

Übersicht 47

1. Prüfung bei Hilfen zur Erziehung, ob Annahme als Kind in Betracht kommt (§ 36 Abs. 1 Satz 2 SGB VIII)
2. Beratung und Belehrung in Verfahren zur Annahme als Kind (§ 51 SGB VIII)
3. Übernahme der Vormundschaft ab Einwilligung der Eltern in die Annahme als Kind (§ 1751 Abs. 1 Satz 2)
4. (Kostenfreie) Beurkundung der Bereiterklärung von Adoptionsbewerbern im Bereich der internationalen Adoptionen und von Widerrufs- und Verzichtserklärungen (§ 59 Abs. 1 Satz 1 Nr. 5, 6 und 7 SGB VIII)

📖 Literatur

Müller, G., Sieghörtner, R., Emmerling de Oliveira, N. (2011): Adoptionsrecht in der Praxis. 2. Aufl.

Oberloskamp, H. (2011): Kommentierung des Adoptionsvermittlungsgesetzes

Oberloskamp, H., Hoffmann, B. (2006): Wir werden Adoptiv- oder Pflegeeltern. 5. Aufl.

Paulitz, H. (2006): Adoption. Positionen, Impulse, Perspektiven. 2. Aufl.

Reinhardt, J., Kemper, R., Weitzel, W. (2012): Adoptionsrecht. Handkommentar

Fall 11: Der Adoptionsfall

Frau F war in erster Ehe verheiratet gewesen. Ihre jetzt 7 Jahre alte Tochter T lebt bei ihr. Das Familiengericht hatte ihr nach der Trennung die alleinige elterliche Sorge übertragen. Später lernte sie M kennen und wurde sofort schwanger. M drängte massiv auf eine Abtreibung hin und drohte Übles an, F weigerte sich jedoch. Als das Kind K geboren war, drohte M erneut, beging auch einen Hausfriedensbruch. Es kommt darüber zu gerichtlicwhen Auseinandersetzungen. Die Vaterschaft wollte er nicht anerkennen. Im Vaterschaftsfeststellungsverfahren wird M als Vater von K festgestellt. Unterhalt zahlte er dennoch nicht. Als schließlich das Unterhaltsurteil vorliegt, muss der Unterhalt per Lohnpfändung beigetrieben werden.

F lebt mit ihren beiden Kindern inzwischen mit ihrem neuen Partner P in häuslicher Gemeinschaft zusammen. Beide Kinder mögen und akzeptieren P. M meldet sich nun vier Jahre nach der Geburt von K über einen Rechtsanwalt und verlangt das Umgangsrecht. P beantragt bei Gericht, dass ihm durch Adoption das Kind K zugesprochen werden möge.

1. Wie ist zu entscheiden, wenn
   – F und P nicht verheiratet sind;
   – wenn beide geheiratet haben
   – wenn M keine Einwilligung in die Adoption erteilen will?
2. Was geschieht mit der elterlichen Sorge nach Vorliegen aller notwendigen Einwilligungen?
3. Wann kommt die Adoption rechtlich zustande? Mit welchen Wirkungen?
4. Könnte die Annahme als Kind wieder aufgehoben werden, falls sich P im Laufe der Zeit zu einem brutalen Schläger entwickeln sollte, der K ständig misshandelt?

12 Vormundschaft, Pflegschaft, Beistandschaft

In Kapitel 12 werden drei spezielle Rechtsinstitute dargestellt, die das elterliche Sorgerecht ganz oder teilweise ersetzen bzw. unterstützen. Sie sind zu unterscheiden von der (die Elternschaft insgesamt begründenden) Annahme als Kind (Adoption; siehe Kapitel 11) und im Übrigen auch von der (nur in einem weiteren Sinne dem Familienrecht zuzuordnen) Rechtlichen Betreuung (siehe Kapitel 13). Der Begriffsklärung im Einzelnen soll die folgende Übersicht 48 dienen.

Terminologische Übersicht

Übersicht 48

1. Annahme als Kind / Adoption (§§ 1741 bis 1772)
   = Ersetzung der (gesamten Wirkungen) der Elternschaft (siehe Kapitel 11)
2. Vormundschaft (§§ 1773 bis 1895)
   = umfassende Ersetzung der elterlichen Sorge (siehe Kapitel 12.1)
3. Pflegschaft (§§ 1909, 1915 bis 1919)
   = Ersetzung der elterlichen Sorge in Teilbereichen (siehe Kapitel 12.2)
4. Beistandschaft (§§ 1712 bis 1717)
   = Unterstützung eines allein sorgeberechtigten Elternteils (nur) bei Vaterschaftsfeststellung und / oder Unterhaltsansprüchen, jedoch ohne Eingriffe in das elterliche Sorgerecht (siehe Kapitel 12.3)
5. Rechtliche Betreuung (§§ 1896 bis 1908)
   = Fürsorge für Volljährige in bestimmten Angelegenheiten, grundsätzlich ohne Einschränkung der Geschäftsfähigkeit (siehe Kapitel 13)

Bei allen fünf genannten Rechtsinstituten greifen Zivilrecht und öffentliches Recht ineinander. Die Beziehungen zwischen den Personen (Annehmende / Kind, Vormund / Mündel, Pfleger / Pflegling, Beistand / allein sorgeberechtigter Elternteil, Betreuer / Betreuter) sind einerseits zivilrechtlicher Natur, werden aber andererseits durch das öffentliche

Recht (SGB VIII, Betreuungsbehördengesetz, Adoptionsvermittlungsgesetz) ergänzt und maßgeblich durch „hoheitliche" Entscheidungen und Überwachungsaufgaben geprägt und überlagert.

Zuständig für die hier zu treffenden „Status begründenden" Entscheidungen Adoption, Vormundschaft, Pflegschaft und Rechtliche Betreuung war bis zum 31.08.2009 das Vormundschaftsgericht und ist ab dem 01.09.2009 das Familiengericht sowie (nur für die Rechtliche Betreuung) das Betreuungsgericht; alle diese „Gerichte" sind Abteilungen des Amtsgerichts als Zivilgericht. Die Beistandschaft ist demgegenüber ein „freiwilliges Service-Angebot" des Jugendamtes.

Wie im Zusammenhang mit der Annahme als Kind (Adoption) ist die Kinder- und Jugendhilfe auch in die Aufgaben Vormundschaft (siehe 12.1), Pflegschaft (siehe 12.2) und Beistandschaft (siehe 12.3) auf vielfältige Weise involviert und arbeitet eng mit den Gerichten und den beteiligten Personen zusammen.

Vertiefung:
Die wichtigsten Aufgaben (zumeist:) des Jugendamts im Zusammenhang mit Vormundschaft, Pflegschaft und Beistandschaft

Übersicht 49

1. Übernahme von Beistandschaften (§ 55 Abs. 1 SGB VIII, §§ 1712 bis 1717)

2. Vorschlag von Personen und Vereinen, die sich als Vormund oder Pfleger eignen (§ 53 Abs. 1 SGB VIII)

3. Führung von Amtsvormundschaften (§ 55 Abs. 1 SGB VIII, §§ 1791b, c)

4. Führung von Amtspflegschaften (§ 55 Abs. 1 SGB VIII, §§ 1909, 1915)

5. Übertragung der Aufgaben des Beistands, des Amtspflegers oder Amtsvormunds auf einzelne Beamte oder Angestellte (§ 55 Abs. 2 Satz 1 SGB VIII)

6. Beratung und Unterstützung von Pflegern und Vormündern (§ 53 SGB VIII)

7. Zusammenarbeit mit dem Familiengericht (§§ 50, 53 Abs. 1, 55, 56, 57 SGB VIII)

8. Erteilung von Erlaubnissen zur Übernahme von Vereinsvormundschaften (§ 54 SGB VIII); nur dafür ist das Landesjugendamt zuständig

12.1   Vormundschaft

Vormundschaft bedeutet Ersetzung der gesamten elterlichen Sorge und deren Wahrnehmung durch einen Vormund (von altdeutsch „munt": Schutzgewalt). Das Rechtsinstitut der Vormundschaft beschränkt sich seit der Abschaffung der Entmündigung im Jahre 1992 nur noch auf Minderjährige, während für Volljährige zugleich das neue Institut der „Rechtlichen Betreuung" geschaffen wurde (siehe Kapitel 13). Das BGB hat das Thema „Vormundschaft" sehr ausführlich in über 120 Paragraphen (§§ 1773 bis 1895) geregelt, von denen im Folgenden nur die für die Soziale Arbeit wichtigsten Bestimmungen dargestellt werden. Der Sprachduktus der genannten Regelungen mutet teilweise etwas „altertümlich" an, da diese seit Inkrafttreten des BGB im Jahre 1900 überwiegend noch nie geändert worden sind.

12.1.1   Voraussetzungen der Vormundschaft

Wann bedarf ein(e) Minderjährige(r) eines Vormunds? Dies ist immer dann der Fall, wenn diese(r) sonst ohne gesetzliche Vertretung wäre (siehe Übersicht 50).

Notwendigkeit einer Vormundschaft, wenn:

Übersicht 50

1. der Minderjährige nicht unter elterlicher Sorge steht (§ 1773 Abs. 1) oder
2. die Eltern nicht vertretungsberechtigt sind (§ 1773 Abs. 1) oder
3. der Familienstand der/des Minderjährigen nicht zu ermitteln („Findelkind") ist (§ 1773 Abs. 2).

Begründet wird die Vormundschaft durch Beschluss des Familiengerichts.

Das Familiengericht hat im Interesse der/des Minderjährigen die Vormundschaft gemäß § 1774 Satz 1 von Amts wegen (also: nicht nur auf Antrag!) anzuordnen; ggf. kann dies bereits vor der Geburt eines Kindes geschehen (§ 1774 Satz 2).

12.1.2 Auswahl und Bestellung des Vormunds

Das Kind („Mündel") erhält grundsätzlich eine natürliche Person als Vormund, u. U. auch ein Ehepaar gemeinsam (§ 1775), bei einer Vermögensverwaltung ggf. zusätzlich einen „Gegenvormund" (§ 1792). Im Übrigen gibt das BGB für die Auswahl und die Bestellung des Vormunds folgende Prioritätenfolge vor (siehe Übersicht 51).

Wer wird Vormund? Prioritätenfolge:

Übersicht 51

1. Natürliche Person(en): grundsätzlich Einzelvormund (ausnahmsweise auch mehrere Vormünder) §§ 1775 ff.
2. Vereinsvormund § 1791a
3. Amtsvormund (Jugendamt) §§ 1791b, c

Bei der Auswahl des Vormunds gelten für das Gericht u. a. die in Übersicht 52 genannten folgenden weiteren gesetzlichen Regelungen.

Auswahl des Vormunds

Übersicht 52

1. zuerst: die von den Eltern als Vormund „benannte" (vorgeschlagene) Person (§ 1776 Abs. 1); das Gericht ist an diesen Vorschlag in der Regel gebunden (vgl. § 1778)
2. sodann: Auswahl einer sonstigen geeigneten Person (§ 1779)
3. grundsätzlich nicht: eine minderjährige oder unter Rechtlicher Betreuung stehende (§ 1781) oder von den Eltern „ausgeschlossene" Person (§ 1782)
4. Es besteht eine grundsätzliche, ggf. mit Zwangsgeld durchsetzbare (§ 1788) Pflicht zur Übernahme der Vormundschaft (§ 1785), sofern nicht ausnahmsweise ein Ablehnungsrecht besteht (§ 1786).
5. nachrangig: Vereinsvormund (§ 1791a)
6. nachrangig: Amtsvormund (Jugendamt, § 1791b)

Das Jugendamt hat gemäß § 53 Abs. 1 SGB VIII die Aufgabe, dem Familiengericht geeignete Personen und Vereine vorzuschlagen. Bei der Auswahl sind Familienangehörige und Verwandte des Kindes bevorzugt zu berücksichtigen (BVerfG FamRZ 2009, 291 = NJW 2009, 1133 = Jugendhilfe 47, 3/2009, 221). Dennoch stellt sich dem Familiengericht in der Praxis sehr häufig das Problem, überhaupt zur Vormundschaft geeignete Personen (oder Vereine) zu finden, so dass es letztlich überwiegend (doch) zu Amtsvormundschaften durch das Jugendamt kommt. Bei den durch das Jugendamt zu führenden Amtsvormundschaften sind zwei Formen zu unterscheiden:

1. Bestellte Amtsvormundschaft (§ 1791b), falls keine geeignete Person als Einzelvormund vorhanden ist.
2. Gesetzliche Amtsvormundschaft (§ 1791c) „automatisch" kraft Gesetzes (also: ohne Bestellung durch das Vormundschaftsgericht) mit der Geburt eines Kindes, dessen Eltern nicht miteinander verheiratet sind und das eines Vormunds bedarf (vgl. dazu die Fälle von § 1773).

Findet sich (ggf. später) eine zur Vormundschaft geeignete natürliche Person, sind Jugendamt (oder Verein) durch das Vormundschaftsgericht zu „entlassen", wenn dies dem Wohl des Kindes dient (§ 1887).

Vertiefung: Im Jahr 2011 bestanden 32.280 bestellte Amtsvormundschaften (sowie weitere 5.575 gesetzliche Amtsvormundschaften) bundesweit (Statistisches Bundesamt 2012). Da die Amtsvormünder häufig überlastet waren/sind, soll gemäß § 55 Abs. 2 Satz 4 SGB VIII ein vollzeitbeschäftigter Beamter oder Angestellter des Jugendamts gleichzeitig höchstens 50 Amtsvormundschaften (oder Amtspflegschaften) führen. Zugleich ist in § 1793 Abs. 1a die gesetzliche Verpflichtung des Vormunds eingefügt worden, mit dem Mündel persönlich Kontakt zu halten und ihn in der Regel einmal im Monat aufzusuchen.

12.1.3 Führung der Vormundschaft

Die Vormundschaft ersetzt die elterliche Sorge (vgl. §§ 1626, 1629) in vollem Umfang. Gemäß § 1793 Abs. 1 Satz 1 hat deshalb der Vormund „das Recht und die Pflicht, für die Person und das Vermögen des Mündels zu sorgen, insbesondere den Mündel zu vertreten". Anders als bei der elterlichen Sorge führt allerdings das Gericht gemäß § 1837 Abs. 2 die „Aufsicht" über die gesamte Tätigkeit des Vormunds, den es dabei auch zu beraten hat (§ 1837 Abs. 1 Satz 1). Darüber hinaus haben Vormünder gemäß § 53 Abs. 2 SGB VIII einen Anspruch auf Beratung und

Unterstützung durch das Jugendamt. Mit Blick auf die Aufgaben von Vormund und Familiengericht gelten die in Übersicht 53 genannten Bestimmungen.

Führung der Vormundschaft durch den Vormund   *Übersicht 53*

1. **Grundsatz:** Umfang entsprechend der gesamten elterlichen Sorge (§ 1793 Abs. 1): Personen- und Vermögenssorge (§§ 1626 ff. einschließlich der gesetzlichen Vertretung § 1629)

2. **Aber:**
   - unter Aufsicht des Familiengerichts (§ 1837 Abs. 2)
   - mit Unterstützung des Jugendamtes (§§ 53 ff. SGB VIII)
   - nach bestimmten Regelungen (§§ 1802 ff.)

3. **Aber:** genereller Ausschluss der gesetzlichen Vertretung bei bestimmten Rechtsgeschäften (§ 1795); deshalb ist hier Bestellung eines Pflegers erforderlich (§ 1909)

4. **Aber:** Entzug der gesetzlichen Vertretung in Einzelfällen durch das Gericht möglich (§ 1796), insbesondere bei Interessengegensätzen zwischen Vormund und Mündel

5. **Aber:** in bestimmten Fällen Genehmigung des Gerichts erforderlich (§§ 1819 ff., 1821 ff.)

6. **Aber:** Auskunfts- und Berichtspflichten des Vormunds gegenüber dem Gericht (§§ 1839, 1840)

Mit Blick auf schützenswerte Vermögensinteressen des Mündels ist darüber hinaus die Aufsicht des Gerichts im Bereich der Vermögenssorge besonders „engmaschig" ausgestaltet (siehe Übersicht 54).

Vertiefung:
Einzelheiten zur Ausübung der Vermögenssorge durch den Vormund   *Übersicht 54*

1. Anlage eines Vermögensverzeichnisses (§ 1802)
2. Sonderregelungen bei Erbschaften und Schenkungen (§§ 1803, 1804)
3. Verbot der Verwendung des Vermögens durch den Vormund für sich (§ 1805) sowie Verzinsungspflicht (§ 1834)
4. Pflicht zur verzinslichen Anlegung von „Mündelgeld" (§ 1806, 1807, 1809, 1811)

5. Regelungen über Forderungen und Wertpapiere, Inhaberpapiere und Buchforderungen (§§ 1812 bis 1817) u. a. (§§ 1818 bis 1820)
6. Erfordernis der Genehmigung durch das Gericht bei bedeutsamen Rechtsgeschäften (§§ 1821 bis 1832)
7. Pflicht zur Rechnungslegung gegenüber dem Gericht (§§ 1840 bis 1843)
8. Vermögensherausgabe und Pflicht zur Rechnungslegung bei Beendigung der Vormundschaft (§§ 1890 ff.)

12.1.4 Das Rechtsverhältnis zwischen Vormund und Mündel

Das Rechtsverhältnis zwischen Vormund und Mündel wird juristisch zumeist als ein gesetzliches Dauerschuldverhältnis mit Elementen der Geschäftsbesorgung für den Mündel umschrieben. Im Einzelnen bedeutet dies:

Vertiefung: Einzelheiten zum Rechtsverhältnis von Vormund und Mündel

1. Grundsatz: unentgeltliche Führung der Vormundschaft (§ 1836 Abs. 1 Satz 1) sowie Aufwendungsersatz (§ 1835) bzw. pauschalierte Aufwandsentschädigung (§ 1835a),
2. möglich ist jedoch auch die entgeltliche Führung der Vormundschaft durch „Berufsvormünder" (§ 1836 Abs. 1 Satz 2),
3. Haftung des Vormunds für bei dem Mündel entstandene Schäden bei Verschulden (§ 1833).
4. Obwohl der Vormund gemäß § 1800 Satz 2 die Pflege und Erziehung des Mündels „persönlich zu fördern und zu gewährleisten" hat, lebt der Mündel häufig nicht im Haushalt des Vormundes, sondern in einer Pflegefamilie oder in einem Heim gemäß §§ 33, 34 SGB VIII, die in einem solchen Fall gemäß § 1688 Abs. 1 bzw. 2 auch in Angelegenheiten des täglichen Lebens entscheiden.

12.1.5   Beendigung der Vormundschaft

In der Übersicht 55 werden die Fälle der Beendigung der Vormundschaft genannt.

Beendigung der Vormundschaft

Übersicht 55

1. Volljährigkeit des Mündels (Hauptfall); dann liegen die Voraussetzungen von § 1773 nicht mehr vor
2. Verschollenheit oder Todeserklärung des Mündels (§ 1884)
3. Erlangung des Sorgerechts durch die Eltern, z. B. nach Ruhen bei Volljährigkeit
4. bei Wegfall der Voraussetzungen der §§ 1773 ff.
5. Tod des Vormunds (vgl. § 1894)
6. Entlassung des Vormunds im Falle der Amts- oder Vereinsvormundschaft zu Gunsten eines geeigneten Einzelvormunds (§ 1887)
7. Entlassung von Beamten und „Religionsdienern" (§ 1888)
8. Entlassung auf eigenen Antrag des Einzelvormunds aus wichtigem Grund (§ 1889)
9. Entlassung des Einzelvormunds u. a. bei Gefährdung der Interessen des Mündels (§ 1886)

12.2   Pflegschaft

12.2.1   Ergänzungspflegschaft

Der Pfleger ersetzt die elterliche Sorge (anders als der Vormund) nicht umfassend (siehe 12.1), sondern lediglich in bestimmten Teilbereichen. Die familienrechtlich insoweit primär bedeutsame „Ergänzungspflegschaft" nach § 1909, die die elterliche Sorge in dem genannten Sinne in Teilbereichen ersetzt, tritt insoweit also „ergänzend" und zugleich ersetzend dort ein, wo die elterliche Sorge bzw. die Befugnisse des Vormunds (zum Teil) nicht bestehen oder wo die/der Minderjährige deshalb insoweit eines „Ergänzungspflegers" bedarf. Dies ist z.B. dann der Fall, wenn Eltern oder Vormund wegen Interessenkollision mit Blick etwa auf bestimmte Rechtsgeschäfte nicht tätig werden dürfen (vgl. §§ 181, 1629 Abs. 2, 1795) oder wo den Eltern (teilweise) das Sorgerecht nach § 1666 entzogen worden ist. In all diesen Fällen bedarf es der Bestellung eines (Ergänzungs-)Pflegers nach § 1909 durch Beschluss des Familiengerichts.

12.2.2   (Weitere) Pflegschaften nach §§ 1911 ff.

Darüber hinaus gibt es weitere Arten der Pflegschaft (siehe Übersicht 56), die für die Soziale Arbeit jedoch zumeist nicht relevant sind.

Vertiefung:
Arten der Pflegschaft nach §§ 1909 ff.

Übersicht 56

1. Ergänzungspflegschaft (§ 1909) als Ergänzung der elterlichen Sorge oder der Vormundschaft
   = die familienrechtlich bedeutsamste Form
2. Pflegschaft für eine Leibesfrucht (§ 1912)
3. Ersatzpflegschaft für eine Übergangszeit (§ 1909 Abs. 3)

Nicht in den Kontext des Familienrechts gehören:

– Abwesenheitspflegschaft (§ 1911)
– Pflegschaft für unbekannte Beteiligte (§ 1913)
– Pflegschaft für ein Sammelvermögen (§ 1914)

12.2.3   Entsprechende Anwendung des Vormundschaftsrechts

Hinsichtlich weiterer Einzelheiten der Pflegschaft erklärt der Gesetzgeber in § 1915 die Vorschriften über die Vormundschaft (§§ 1773 bis 1895) für entsprechend anwendbar, soweit sich aus dem Gesetz nicht etwas anderes ergibt.

Der Pfleger nach § 1909 steht damit ebenfalls unter der Aufsicht des Familiengerichts. Er wird ebenfalls durch dieses bestellt oder ggf. abberufen, wobei allerdings gemäß § 1916 die Vorschriften über die „Berufung zur Vormundschaft", also über das Vorschlagsrecht der Eltern (§§ 1776, 1777) und die grundsätzliche Bindung des Gerichts daran (§ 1778), nicht gelten. Die Pflegschaft für eine unter elterlicher Sorge oder unter Vormundschaft stehende Person endet gemäß § 1918 Abs. 1 konsequenterweise ebenfalls mit der Beendigung der elterlichen Sorge oder der Vormundschaft, zumeist also bei Volljährigkeit der / des Minderjährigen oder wenn der Grund für ihre Anordnung weggefallen ist (§ 1919) oder ggf. in den weiteren Fällen nach § 1915 Abs. 1 in Verbindung mit §§ 1882 ff. (entsprechende Anwendung des Vormundschaftsrechts).

12.2.4   Der Begriff „Pflege(r)"

Vertiefung:
Im Bereich der Sozialen Arbeit werden die Begriffe „Pflege" und „Pfleger" in sehr unterschiedlichen Kontexten verwendet (siehe Übersicht 57), die ggf. sorgfältig vom Begriff des hier allein relevanten (Ergänzungs-)Pflegers bzw. der Pflegschaften nach §§ 1909 ff. zu unterscheiden sind.

Terminologisches rund um den Begriff „Pflege" in der Sozialen Arbeit

Übersicht 57

1. Ergänzungspfleger/-pflegschaft nach § 1909, 1915 ff. sowie ggf. weitere Pflegschaften (siehe Kapitel 12.2.1 bis 12.2.3)

2. Pfleger als Verfahrensbeistand nach § 158 FamFG (siehe Kapitel 10.3); hier werden elterliche Sorgerechte jedoch in keiner Weise (ganz oder teilweise) ersetzt oder ergänzt, sondern die / der Minderjährige erhält eine Person zwecks Wahrnehmung ihrer / seiner Interessen in einem gerichtlichen Verfahren

3. Entsprechendes gilt für den Pfleger in Verfahren betreffend Betreuungssachen und Unterbringungssachen.

4. Im Falle der Beistandschaft nach den §§ 1712 ff. (siehe Kapitel 12.3) erhält das Jugendamt zwar ebenfalls die rechtliche Stellung eines Pflegers (§ 1716 Satz 2), ohne dass dadurch allerdings auch hier Sorgerechte eingeschränkt würden.

5. Tagespflege (§ 23 SGB VIII) und Vollzeitpflege (§ 33 SGB VIII) sind Leistungen der Kinder- und Jugendhilfe, die von Tagespflegepersonen (§ 23 Abs. 4 SGB VIII) bzw. Pflegepersonen (vgl. § 37 Abs. 2 SGB VIII) erbracht werden. Durch diese werden elterliche Sorgerechte grundsätzlich nicht eingeschränkt (vgl. jedoch § 1688!).

Allerdings können gemäß § 1630 Abs. 3 Satz 1 der Pflegeperson durch das Familiengericht Angelegenheiten der elterlichen Sorge übertragen werden, wenn die Eltern das Kind für längere Zeit in Familienpflege gegeben haben. (Nur) in diesem Fall ist die Pflegeperson gemäß § 1630 Abs. 3 Satz 3 ggf. zugleich auch „Pfleger" im Sinne von § 1909.

6. Außerhalb des Familienrechts gibt es wichtige Bereiche der Sozialen Arbeit wie Säuglings-, Kinder-, Kranken-, Behinderten- oder Altenpflege und die soziale Pflegeversicherung (SGB XI). All diese Arbeitsbereiche haben mit den Fragestellungen in diesem Kapitel nichts zu tun.

12.3   Beistandschaft

Von der Vormundschaft (12.1) und der Pflegschaft (12.2) sorgfältig zu unterscheiden ist schließlich die Beistandschaft des Jugendamtes, durch die elterliche Sorgerechte oder Befugnisse des Vormunds weder ganz noch teilweise ersetzt oder eingeschränkt werden. Vielmehr handelt es sich bei der Beistandschaft des Jugendamtes um ein „freiwilliges Serviceangebot", mit dem die elterlichen Sorgerechte ergänzt werden. Die Beistandschaft setzt einen (schriftlichen) Antrag (§ 1712) des allein sorgeberechtigten Elternteils (§ 1713 Abs. 1) oder der werdenden Mutter vor der Geburt (§ 1713 Abs. 2) voraus. Die Beistandschaft bezieht sich (nur) auf einen der beiden folgenden Gegenstände bzw. auf die beiden Themenkreise: Feststellung der Vaterschaft (§ 1712 Abs. 1 Nr. 1) und/oder Geltendmachung von Unterhaltsansprüchen etc. (§ 1712 Abs. 1 Nr. 2). Weitere Einzelheiten ergeben sich aus der Übersicht 58.

Die Beistandschaft des Jugendamtes (§§ 1712 bis 1717)

Übersicht 58

1. Die Beistandschaft ist möglich in den beiden Bereichen
 – § 1712 Abs. 1 Nr. 1: Feststellung der Vaterschaft,
 – § 1712 Abs. 1 Nr. 2: Geltendmachung von Unterhaltsansprüchen.

2. Die Beistandschaft des Jugendamtes erfolgt aufgrund (freiwilligen!) schriftlichen Antrages (§ 1712) des insoweit allein sorgeberechtigten Elternteils (§ 1713 Abs. 1) oder der werdenden Mutter (§ 1713 Abs. 2).

3. Sie hat folgende rechtliche Wirkungen:
–   Eintritt der Beistandschaft ab Antragseingang beim Jugendamt (§ 1714),
–   das Jugendamt wird „automatisch" Pfleger und damit gesetzlicher Vertreter (§§ 1716 Satz 2, 1909, 1915 Abs. 1, 1793) des Kindes zwecks Wahrnehmung der Aufgaben nach § 1712 (siehe oben),
–   jedoch ohne Einschränkungen des elterlichen Sorgerechts (§ 1716 Satz 1).

4. Die „freiwillige Serviceleistung" Beistandschaft endet,
–   wenn Antragsteller(in) dies schriftlich verlangt (§ 1715 Abs. 1)
–   oder wenn Voraussetzungen (§§ 1715 Abs. 2, 1713) nicht mehr vorliegen.

📖 Literatur

Fröschle, T. (2012): Studienbuch Vormundschafts- und Pflegschaftsrecht
Greßmann, M., Beinkinstadt, J. (1998): Das Recht der Beistandschaft
Oberloskamp, H. (Hrsg.) (2010): Vormundschaft, Pflegschaft und Beistandschaft für Minderjährige, 3. Aufl.

Fall 12: Vormundschaft

1. K ist Kind der verheirateten Eltern V und M. Ein Jahr nach der Geburt wird V gemäß § 1666 das (gesamte) elterliche Sorgerecht entzogen. Ein weiteres Jahr später verunglückt M tödlich. Ab wann braucht K einen Vormund? Wie wäre es, wenn M im Zeitpunkt des Entzugs von V's Sorgerecht noch minderjährig gewesen wäre?

2. Wie wäre es, wenn V und M beide voll sorgeberechtigt und bei einer gefährlichen Hochgebirgstour tödlich verunglückt wären, jedoch zuvor schriftlich in einem Testament verfügt hätten, dass in einem solchen Fall K's Onkel O, der Bruder von V, Vormund werden sollte?

3. Wie würde das Gericht entscheiden, wenn O, ein streit- und herrschsüchtiger Alkoholiker, bereits mehrfach wegen Kindesmisshandlung straffällig geworden wäre?

4. Was wäre, wenn nach zwei Jahren M's Bruder B, ein tüchtiger Naturwissenschaftler, nach einem längeren Auslandsaufenthalt aus den USA nach Deutschland zurückkehrte, seinen Wohnsitz in der Nähe von K nähme und sich gerne dazu bereit erklärte, die Vormundschaft für K zu übernehmen?

5. Wie wäre es, wenn B nach einigen Jahren die von K von einem anderen Verwandten geerbten Grundstücke veräußern wollte?

6. Wie wäre es, wenn K nach einigen Jahren an Krebs erkrankte, so dass nach dem Wissensstand der „Schulmedizin" mit einer lang dauernden und komplizierten medizinischen Behandlung (Chemotherapie, Strahlentherapie) zu rechnen wäre. Dafür käme in Wohnortnähe nur der berühmte Professor X in Frage. B verweigert jedoch die Zustimmung zu dieser Therapie, weil er als Vertreter alternativer Heilverfahren die Methoden der Schulmedizin komplett ablehnt und meint, die Verabreichung von Globuli und eine Reiki-Behandlung sowie kontinuierliche Bettruhe für K würden viel besser wirken. Was nun?

13   Rechtliche Betreuung

Die Rechtliche Betreuung (§§ 1896 bis 1908k) dient der Fürsorge für psychisch kranke oder körperlich, geistig oder seelisch behinderte Volljährige – in zumeist hohem, gelegentlich aber auch in mittlerem oder gar jüngerem Alter. Die Rechtliche Betreuung gehört systematisch nur in einem weiteren Sinne zum „Familienrecht".

Trotz Rechtlicher Betreuung bleibt der betreute Volljährige nicht nur rechtsfähig (vgl. § 1), sondern grundsätzlich auch voll geschäftsfähig. Dies entspricht der Würde des auch älteren Menschen, und darin unterscheidet sich die Rechtliche Betreuung von der früher vorgesehenen Entmündigung und der Vormundschaft über Volljährige, die im Jahre 1992 durch die Rechtliche Betreuung abgelöst worden sind.

Im Jahre 2011 gab es in Deutschland über 1,3 Mio. Betreuungen (Münder et al. 2013, 289). Zuständig für die Anordnung der Rechtlichen Betreuung war bis 2009 das Vormundschaftsgericht und ist ab dem Jahre 2009 – ebenfalls als Abteilung des Amtsgerichts – das Betreuungsgericht. In zweiter Instanz ist hier allerdings nicht (wie in Familiensachen) das Oberlandesgericht, sondern das Landgericht zuständig – und in dritter Instanz der Bundesgerichtshof.

Zum Schutz des Betreuten kann (zusätzlich) ein Einwilligungsvorbehalt nach § 1903 angeordnet werden (siehe Kapitel 13.2.2), der die rechtliche „Bewegungsfreiheit" des Betreuten einschränkt. Deshalb, und weil die Rechtliche Betreuung auch sonst für den Betreuten mit Unannehmlichkeiten verbunden sein kann, ist diese an strenge rechtliche Voraussetzungen gebunden (siehe Kapitel 13.1).

13.1   Voraussetzungen der Rechtlichen Betreuung

**Voraussetzungen für eine Rechtliche Betreuung
(§ 1896)**

Übersicht 59

1. Bei einem Volljährigen besteht (§ 1896 Abs. 1)
   – eine psychische Krankheit oder
   – eine geistige oder seelische Behinderung oder
   – (relevant jedoch nur bei Antrag des Volljährigen) eine körperliche Behinderung.

2. Dieser ist deshalb unfähig, seine Angelegenheiten ganz oder teilweise selbst zu besorgen.

3. Die Rechtliche Betreuung ist notwendig
   – in dem im Einzelfall erforderlichen Umfang
   – und weil keine anderen vorrangigen Hilfemöglichkeiten bestehen (z. B. soziale Dienstleistungen)
   – und weil auch keine Bevollmächtigung (§ 1896 Abs. 2 Satz 2) ausreicht („Vorsorgevollmacht").

4. Allerdings darf ein Rechtlicher Betreuer nicht gegen den freien Willen der / des Betreuten bestellt werden (§ 1896 Abs. 1a).

5. Das Betreuungsgericht bestellt den Betreuer bei Vorliegen aller Voraussetzungen auf Antrag oder von Amts wegen (siehe 13.2).

13.1.1   Bestimmte Arten von Krankheiten und Behinderungen des Volljährigen

Psychische Krankheiten sind z. B. Neurosen, Psychosen, Suchtkrankheiten, Persönlichkeitsstörungen oder andere seelische Störungen. Behinderungen können von körperlicher, seelischer oder geistiger Art sein. Beispielhaft kann insoweit verwiesen werden auf die Definition von körperlich, geistig und seelisch (wesentlich) behinderten Menschen in den §§ 1 bis 3 der Verordnung nach § 60 des Zwölften Buches Sozialgesetzbuch (Eingliederungshilfe-Verordnung).

Im Falle einer körperlichen Behinderung kann eine Rechtliche Betreuung allerdings nur dann bestellt werden, wenn der Volljährige dies auch selbst beantragt, es sei denn, dass dieser seinen Willen nicht bekunden kann (§ 1896 Abs. 1 Satz 3).

13.1.2 Unfähigkeit, Angelegenheiten selbst zu besorgen

Die unter 13.1.1 genannten Krankheiten oder Behinderungen müssen des Weiteren ursächlich dafür sein, dass der Volljährige ganz oder teilweise nicht in der Lage ist, seine Angelegenheiten selbst zu besorgen. Dabei handelt es sich zumeist um finanzielle Angelegenheiten, aber auch um solche etwa der Wohnsitznahme, der medizinischen Versorgung, der pflegerischen Betreuung, der Heimunterbringung oder um sonstige persönliche Angelegenheiten.

13.1.3 Erforderlichkeit der Rechtlichen Betreuung

Als weitere Voraussetzung muss hinzukommen, dass deshalb die Bestellung eines Betreuers „erforderlich" ist. Dies bedeutet zweierlei. Nicht erforderlich – und dann auch nicht zulässig – ist die Bestellung einer Rechtlichen Betreuung gemäß § 1896 Abs. 2 Satz 2 dann, wenn als „milderes", weil auch unkompliziertes, „Mittel" eine (privatrechtliche) Bevollmächtigung einer dritten Person in Form einer so genannten Vorsorgevollmacht konkret in Betracht kommt und ausreicht (dazu OLG Oldenburg FamRZ 2004, 1320).

Zum anderen darf die Rechtliche Betreuung gemäß § 1896 Abs. 2 Satz 1 „nur für die Aufgabenkreise bestellt werden, in denen die Betreuung erforderlich ist." Das Gericht hat also einen Betreuer grundsätzlich nur mit Blick auf wirklich notwendige Aufgabenbereiche zu bestellen, z. B. für die Gesundheitsvorsorge, die Vermögensverwaltung oder die Aufenthaltsbestimmung.

Rechtlich vorrangig gegenüber einer Betreuung ist jedoch die Erteilung einer Vorsorgevollmacht gemäß § 1896 Abs. 2 Satz 2, z. B. an einen Verwandten oder an eine sonstige (vertraute) Person nach den Regelungen der §§ 167 ff.

Vertiefung:
Mögliche Inhalte einer Vorsorgevollmacht

Übersicht 60

1. genaue Bezeichnung des Vollmachtgebers und des Bevollmächtigten mit Name, Adresse, Geburtsdatum, Ort, Datum und Unterschrift

2. genaue Bezeichnung des Umfangs der Vollmacht z. B. im gesundheitlichen oder vermögensrechtlichen Bereich

3. Beispiele für Inhalte einer Vorsorgevollmacht im gesundheitlichen Bereich:
   – Abgabe von Erklärungen bei medizinischen Behandlungen, mit Blick auf Operationen etc.
   – Erklärungen zur Aufenthaltsbestimmung (Krankenhaus, Pflegeheim)
   – Einwilligung zur Einstellung lebenserhaltender oder -verlängernder Maßnahmen
   – Einwilligung zur Organentnahme

4. Beispiele für Inhalte einer Vorsorgevollmacht im vermögensrechtlichen Bereich:
   – Berechtigung zur Abhebung von Geldbeträgen von Bankkonten oder zur Vornahme von Überweisungen (ggf. eingeschränkt mit Blick auf Krankenhauskosten, Heimkosten, Mietzahlungen etc.)
   – Abschluss von Verträgen mit Kliniken, Senioren- oder Pflegeheimen
   – Kündigung von Mietverhältnissen
   – Veräußerung von Wohnungseinrichtungen
   – Stellung von Anträgen auf Leistungen im Bereich der Sozialversicherung oder Sozialhilfe etc.
   – ggf. Führung von Prozessen mit Sozialleistungsträgern etc.

5. ggf. Vorbehalt, die Vollmacht jederzeit ganz oder teilweise zu widerrufen

13.2 Auswahl, Bestellung und Aufgaben des Betreuers

13.2.1 Auswahl des Betreuers

Die Bestellung des Betreuers erfolgt durch Beschluss des Betreuungsgerichts. Das insoweit einschlägige Verfahrensrecht ist auch hier das FamFG (siehe Kapitel 9.3 und 10.3 sowie Kapitel 13.3). Das gesetzliche Leitbild des Betreuers ist (wie bei der Vormundschaft) das der persönlichen Betreuung durch eine geeignete, ehrenamtlich tätige natürliche Person, die gemäß § 1898 auch grundsätzlich zur Übernahme der Rechtlichen Betreuung verpflichtet ist. In der Praxis wird die Rechtliche Betreuung aller-

dings überwiegend durch entgeltlich tätige Berufsbetreuer gewährleistet
(§ 1897 Abs. 6), die hauptberuflich jeweils bis zu ca. 60 Betreuungen
durchführen. Im Einzelnen gilt die in der Übersicht 61 genannte gesetzliche Reihenfolge.

Wer wird Betreuer? Reihenfolge:

Übersicht 61

1. persönliche, ehrenamtliche Betreuung durch eine natürliche
   Person (§ 1897 Abs. 1),
2. persönlicher, berufsmäßiger Betreuer (§ 1897 Abs. 6),
3. anerkannter Betreuungsverein – grundsätzlich auch dort Person,
   sonst Verein (§§ 1908f, 1900),
4. Betreuung durch Betreuungsbehörde (§ 1900 Abs. 4)

In den §§ 1897 bis 1900 finden sich weitere Detailvorschriften für die
Auswahl des Betreuers. Insbesondere ist das Gericht an Vorschläge des
Volljährigen hinsichtlich der Person des Betreuers gemäß § 1897 Abs. 4
in der Regel gebunden, „wenn es dem Wohl des Volljährigen nicht zuwi-
derläuft". Darüber hinaus kann der Volljährige auch Wünsche zur Wahrnehmung der Betreuung äußern (§ 1901 Abs. 3). Eine solche „Betreu-
ungsverfügung" kann z. B. Wünsche für den Pflegefall oder den Kontakt
zu Angehörigen und anderes umfassen. Das Gericht ist daran nicht gebunden, wird jedoch bei seiner Entscheidung sorgfältig prüfen, ob diesen Wünschen mit Blick auf das „objektive" Wohl des Volljährigen zu
entsprechen ist oder nicht.

13.2.2   Aufgaben des Betreuers

Die durch Beschluss des Betreuungsgerichts bestellte Betreuung umfasst gemäß § 1901 Abs. 1 „alle Tätigkeiten, die erforderlich sind, um
die Angelegenheiten des Betreuten nach Maßgabe der folgenden Vorschriften rechtlich zu besorgen". Der Betreute hat sich sodann gemäß
§ 1901 Abs. 2 und 3 insbesondere am Wohl des Betreuten zu orientieren
und seinen Wünschen grundsätz-lich zu entsprechen. Das Wohl des Betreuten ist also der entscheidende Maßstab für die Wahrnehmung der
Aufgaben des Betreuers.

Die Betreuungstätigkeit umfasst, von möglichst persönlicher Zuwendung geprägte, tatsächliche Fürsorgeleistungen, vor allem aber Rechtsgeschäfte und Rechts- und Verfahrenshandlungen im konkreten Umfang der Bestellung, soweit diese notwendig war (vgl. § 1896 Abs. 2 Satz 1). Das Wichtigste ist dabei die gesetzliche außergerichtliche und ggf. auch gerichtliche Vertretung des Betreuten nach § 1902.

Da der Volljährige jedoch grundsätzlich auch nach der Bestellung der Rechtlichen Betreuung voll geschäftsfähig bleibt, außer im seltenen Fall der Geschäftsunfähigkeit (§ 104 Nr. 2), kann dies mit Blick auf die sich daraus ergebenden „Doppelzuständigkeiten" von Betreutem und Betreuer im Einzelfall problematisch werden, auch wenn bei sich widersprechenden Willenserklärungen die zuerst abgegebene Erklärung gilt.

Wird jedoch zum Schutz des Betreuten eine Einschränkung von dessen rechtlicher Handlungsmacht erforderlich, ordnet das Gericht „zur Abwendung einer erheblichen Gefahr für die Person oder das Vermögen des Betreuten" (zusätzlich zur Bestellung des Betreuers, ggf. auch später) an, „dass der Betreute zu einer Willenserklärung, die den Aufgabenkreis des Betreuers betrifft, dessen Einwilligung bedarf (Einwilligungsvorbehalt)" (§ 1903 Abs. 1 Satz 1).

Im Übrigen ähnelt das Rechtsverhältnis zwischen Betreuer und Betreutem demjenigen zwischen Vormund und Mündel (vgl. Kapitel 12.1). Das Betreuungsrecht erklärt deshalb in § 1908i zahlreiche Bestimmungen des Vormundschaftsrechts auch für die Rechtliche Betreuung für sinngemäß anwendbar.

Vertiefung: §§ 1901a und 1901b enthalten Vorschriften über **Patientenverfügungen** im Hinblick auf Untersuchungen des Gesundheitszustands, Heilbehandlungen oder ärztliche Behandlungen. Betreuer (und Bevollmächtigte!) sind an die Patientenverfügung grundsätzlich gebunden. Gemäß § 1901a Abs. 1 prüft der Betreuer (oder Bevollmächtigte), ob Festlegungen in einer Patientenverfügung (noch) auf die aktuelle Situation zutreffen; dann hat er diesen „Ausdruck und Geltung zu verschaffen". Liegt keine Patientenverfügung vor, ist auf den mutmaßlichen Willen des Betreuten abzustellen und sind ggf. mit dem behandelnden Arzt in Betracht kommende Maßnahmen zu erörtern (§ 1901b); ggf. bedarf es der Genehmigung des Betreuungsgerichts bei ärztlichen Maßnahmen (§ 1904).

13.2.3 Beschränkungen der Rechtlichen Betreuung

Zunächst kann sich der Einwilligungsvorbehalt gemäß § 1903 nicht auf bestimmte höchstpersönliche Willenserklärungen nach § 1903 Abs. 2 erstrecken – wie solche zwecks Eingehung der Ehe oder betreffend Verfügungen von Todes wegen etc.

Darüber hinaus ist die gesetzliche Vertretungsmacht des Betreuers eingeschränkt wie die eines Vormunds. Auch dies ergibt sich aus § 1908i, in dem auch die Beschränkungen des § 1795 und der §§ 1821 ff. im Bereich der Vermögenssorge etc. grundsätzlich für sinngemäß anwendbar erklärt werden.

Schließlich bedarf es der Genehmigung des Gerichts (auch) in den Fällen der §§ 1904 bis 1907 (bestimmte ärztliche Maßnahmen, Sterilisation, Unterbringungen mit Freiheitsentziehung, Aufgabe der Mietwohnung).

13.3 Beendigung der Betreuung

Gemäß § 1908d Abs. 1 „ist" die Betreuung (ähnlich wie bei der Vormundschaft) aufzuheben, wenn ihre Voraussetzungen wegfallen. Dies ist z. B. bei einer erfolgreichen Drogentherapie denkbar. Bei sehr alten Menschen wird dies jedoch eher selten der Fall sein, da sich deren Gesundheitszustand zumeist nicht verbessern, sondern eher weiter verschlechtern dürfte. Deshalb ist es häufig eher so, dass gemäß § 1908d Abs. 3 der Aufgabenkreis des Betreuers (noch) zu erweitern ist, wenn dies erforderlich wird.

Vertiefung:
Fälle der Beendigung der Betreuung

Übersicht 62

1. Wegfall der Voraussetzungen der Rechtlichen Betreuung (§ 1908d Abs. 1), dies gilt entsprechend mit Blick auf einen Einwilligungsvorbehalt (§ 1908d Abs. 4).
2. Tod oder Entlassung des Betreuers (§ 1908c)
3. Entlassung des Betreuers bei mangelnder Eignung oder aus anderem wichtigen Grund (§ 1908b Abs. 1)
4. Entlassung auf Verlangen des Betreuers bei Unzumutbarkeit (§ 1908b Abs. 2)

5. Entlassung des Betreuers bei Vorschlag einer gleich geeigneten Person (§ 1908b Abs. 3)

6. Entlassung des Vereins- oder Behördenbetreuers (§ 1908b Abs. 4)

7. Entlassung des Vereins oder der Behörde (§ 1908b Abs. 5)

Weitere Vertiefung:
Aufwendungsersatz, Vergütung,
Verfahren, Betreuungsbehörden

Übersicht 63

1. Aufwendungsersatz erhält der ehrenamtliche Betreuer nach § 1908i i. V. m. §§ 1835, 1835a, die wie beim Vormund gemäß § 1835a Abs. 1 als Aufwandsentschädigung pauschaliert werden kann.

2. Berufsbetreuer erhalten Entgelte gemäß § 1908i i. V. m. §§ 1836 ff.

3. Verfahren vor dem Betreuungsgericht: Es gelten die Vorschriften des FamFG über:
– Bestellung eines Pflegers für das Verfahren
– Persönliche Anhörung des Betroffenen
– Einholung von Gutachten und ärztlichen Zeugnissen

4. Betreuungsbehörden: es gibt zahlreiche Aufgaben der zuständigen Betreuungsbehörden (zumeist der Kommunalverwaltungen) im Bereich der Beratung und Unterstützung der Betreuer und der Gerichte nach dem Betreuungsbehördengesetz (BtBG) sowie nach §§ 1897 Abs. 2, 7, 1900, 1908g.

📖 Literatur

Bienwald, W., Sonnenfeld, S., Hoffmann, B. (2011): Betreuungsrecht. Kommentar. 5. Aufl.

Damrau, J., Zimmermann, W. (2011): Betreuungsrecht. 4. Aufl.

Dodegge, G., Roth, A. (2010): Betreuungsrecht. 3. Aufl.

Fröschle, T. (2009): Studienbuch Betreuungsrecht. 2. Aufl.

Jurgeleit, A. (Hrsg.) (2013): Betreuungsrecht. Handkommentar. 3. Aufl.

Jürgens, A. (2014): Betreuungsrecht. Kommentar. 5. Aufl.

Zimmermann, W. (2014): Ratgeber Betreuungsrecht. 10. Aufl.

Fall 13: Vielerlei Rechtliche Betreuungen

1. Der 90-jährige Manfred (M) ist nicht mehr in der Lage, sich voll zu orientieren. Er erinnert sich nur noch an länger zurückliegende Ereignisse. Er findet sich in seiner Wohnung nicht mehr zurecht. Er erkennt auch seine Ehefrau Frieda (F) nicht mehr. Kann F ihn in einem Altersheim unterbringen, auch wenn sich M dagegen sträubt? Ihr Sohn S wäre im Übrigen bereit, eine Rechtliche Betreuung für M zu übernehmen. Was ist zu tun?

2. Nach einem Jahr stirbt M. Kurz danach erleidet S einen schweren Unfall und wird vollständig orientierungslos und ein Pflegefall. Nach Auffassung seiner Angehörigen muss er in ein Heim. Sein Sohn Emil (E) wäre notfalls bereit, eine Rechtliche Betreuung zu übernehmen, auch wenn er die damit verbundene Arbeit scheut. Kann er dennoch vom Vormundschaftsgericht zum Betreuer bestellt werden, wenn keine sonst besser geeignete weitere Person vorhanden wäre? Was müsste geschehen?

3. Nach einiger Zeit stirbt S an Krebs. E kommt darüber nicht hinweg, wird alkoholkrank und Sozialhilfeempfänger. Er ist nicht mehr in der Lage zu arbeiten. Der Tragweite von Entscheidungen ist er sich häufig auch nicht mehr bewusst. Er steht deshalb nunmehr ebenfalls unter Rechtlicher Betreuung. Nun möchte E

– sich weiter regelmäßig alkoholische Getränke kaufen;
– die Vaterschaft eines Kindes anerkennen, das eine Bekannte von ihm geboren hat;
– sich sterilisieren lassen, um, wie er meint, nicht noch einmal Vater werden zu können;
– sich einer dringend notwendigen lebensrettenden Operation zur Beseitigung eines rasch wachsenden Gehirntumors verweigern.

Was ist zu tun?

14 Nichteheliche Lebens-gemeinschaften, insbesondere die Eingetragene Lebenspartnerschaft

In Deutschland gab es im Jahre 2009 ca. 2,6 Millionen statistisch erfasste nichteheliche Lebensgemeinschaften zwischen Männern und Frauen (Statistisches Bundesamt 2010. Diese Lebensgemeinschaften sind – abgesehen von der Eingetragenen Lebenspartnerschaft nach dem LPartG – nur wenigen rechtlichen Regelungen unterworfen (siehe Übersicht 64).

Vertiefung:
Gesetzliche Regelungen betreffend nichteheliche Lebensgemeinschaften (außerhalb des LPartG)

Übersicht 64

1. Regelungen betreffend Verlobte, die Zeugnisverweigerungsrechte haben (§ 383 Abs. 1 Nr. 1 ZPO, § 52 Abs. 1 Nr. 1 StPO) und „Angehörige" im Sinne des Strafrechts sind (vgl. § 11 Abs. 1 Nr. 1a StGB)

2. Personen, die mit erwerbsfähigen Hilfebedürftigen in eheähnlicher Gemeinschaft leben, gehören zur „Bedarfsgemeinschaft" (nach § 7 Abs. 3 Nr. 3c SGB II – Grundsicherung für Arbeitssuchende)

3. Personen, die in eheähnlicher Gemeinschaft leben, dürfen hinsichtlich der Voraussetzungen sowie des Umfangs von Sozialhilfe nicht besser gestellt werden als Ehegatten (§ 20 Satz 1 SGB XII – Sozialhilfe)

4. Mit Blick auf einige andere Rechtsvorschriften ist strittig, ob diese ggf. (analog) anwendbar sind.

Wollen sich deshalb Partner einer nichtehelichen Lebensgemeinschaft (außerhalb des LPartG) gegenseitig rechtlich absichern, empfiehlt sich dringend der Abschluss von Verträgen, in denen auf den konkreten Einzelfall bezogen etwa Vermögens- und Unterhaltsfragen umfassend und „passgenau" geregelt werden können. Denn „stillschweigend", also nicht ausdrücklich, geschlossene Vereinbarungen werden von der Rechtsprechung nur selten anerkannt, weil die Partner einer nichtehelichen Lebensgemeinschaft einen expliziten Vertrag mit Vereinbarungen über aus ihrer Sicht regelungsbedürftige Fragen schließen oder heiraten bzw. eine Lebenspartnerschaft nach dem LPartG begründen können. Ausnahmen sind von der Rechtsprechung allerdings z. B. für den Fall entwickelt worden, dass bei Beendigung einer nichtehelichen Lebensgemeinschaft aus Billigkeitsgründen ausnahmsweise ein Vermögensausgleich geboten ist und deshalb gesellschaftsrechtliche Ausgleichsansprüche oder solche aus ungerechtfertigter Bereicherung sowie nach den Grundsätzen über den Wegfall der Geschäftsgrundlage in Betracht kommen (vgl. BGH FuR 2008, 492; BGH FuR 2010, 641 – Wegfall der Geschäftsgrundlage für eine Schenkung an das Schwiegerkind nach Scheitern der Ehe; Schwab 2010, 1701; siehe auch Grziwotz 2011, 697–701 sowie Grziwotz 2014, 257-263).

14.1   Begriff und Begründung der Eingetragenen Lebenspartnerschaft

14.1.1   Begriffe und Vorgeschichte

Im Folgenden soll ausführlicher auf die in Deutschland seit dem Jahr 2001 rechtlich mögliche Eingetragene Lebenspartnerschaft zwischen zwei erwachsenen Personen gleichen Geschlechts nach dem LPartG eingegangen werden, von denen es in Deutschland im Jahre 2006 ca. 12.000 und im Jahre 2012 ca. 32.000 gab (Statistisches Bundesamt, Mikrozensus 2012). Der Gesetzgeber hat sich bei der Schaffung des LPartG weit gehend an den Rechtsvorschriften über die Ehe orientiert. Da die Ehe jedoch gemäß Art. 6 Abs. 1 GG „unter dem besonderen Schutz der staatlichen Ordnung" steht (für die Eingetragene Lebenspartnerschaft gilt dies nicht; vgl. Münder et al. 2013, 96), sah er sich dazu gehalten, das Eherecht nicht komplett „eins zu eins" auf die Eingetragene Lebenspartnerschaft zu übertragen, sondern auch einige Unterschiede zu belassen und die Eingetragene Lebenspartnerschaft zudem nicht in Buch 4 des BGB (Familienrecht), sondern in einem separaten Gesetz (dem LPartG) zu regeln.

Problematisch mag dabei erscheinen, dass der Gesetzgeber mit dem Terminus „(Eingetragene) Lebenspartnerschaft" einen Rechtsbegriff gewählt hat, der in der Alltagssprache in einem umfassenderen Sinne verwandt wird, nämlich auch mit Blick auf geschlechtsverschiedene

Lebenspartner. Im Übrigen hat der Gesetzgeber bei „Parallelregelungen" zum Eherecht überwiegend neue Rechtsbegriffe für die Eingetragene Lebenspartnerschaft (im Folgenden zumeist „Lebenspartnerschaft") entwickelt (siehe Tabelle 6).

Tab. 6: Terminologische Unterschiede bei inhaltsähnlichen Regelungen betreffend Eingetragene Lebenspartnerschaft und Ehe

LPartG	Eherecht
Versprechen, eine Lebenspartnerschaft zu begründen	Verlobung
Begründung der Lebenspartnerschaft	Eheschließung
partnerschaftliche Lebensgemeinschaft	eheliche Lebensgemeinschaft
Führen einer Lebenspartnerschaft	verheiratet sein
lebenspartnerschaftliches Verhältnis	eheliches Verhältnis
lebenspartnerschaftlicher Haushalt	ehelicher Haushalt
Lebenspartnerschaftsunterhalt	Ehegattenunterhalt
Lebenspartnerschaftsvertrag	Ehevertrag
Aufhebung der Lebenspartnerschaft	Ehescheidung
nachpartnerschaftlicher Unterhalt	Geschiedenenunterhalt

14.1.2   Begründung der Lebenspartnerschaft

Seit dem Jahr 2005 können sich gleichgeschlechtliche Paare auch „verloben" – genauer: sich gemäß § 1 Abs. 4 LPartG versprechen, eine Lebenspartnerschaft zu begründen; im Übrigen werden die §§ 1297 Abs. 2 bis 1302 über das Verlöbnis für entsprechend anwendbar erklärt.

Die Begründung der Lebenspartnerschaft selbst erfolgt ähnlich wie bei der Eheschließung gemäß § 1 Abs. 1 und 2 LPartG unter den in der Übersicht 65 genannten Voraussetzungen.

Voraussetzungen der Begründung einer Lebenspartnerschaft nach dem LPartG

Übersicht 65

1. Zwei Personen gleichen Geschlechts

2. erklären persönlich und bei gleichzeitiger Anwesenheit, miteinander eine Partnerschaft auf Lebenszeit führen zu wollen (§ 1 Abs. 1 Satz 1),

3. und zwar unbedingt und unbefristet (§ 1 Abs. 1 Satz 2)

4. vor dem Standesbeamten (vgl. § 1 Abs. 1 und 2),

5. wobei keines der folgenden Hindernisse bestehen darf:
    – Minderjährigkeit (§ 1 Abs. 3 Nr. 1)
    – Ehe oder andere Lebenspartnerschaft (§ 1 Abs. 3 Nr. 1)
    – Verwandtschaft in gerader Linie (§ 1 Abs. 3 Nr. 2)
    – Geschwisterschaft (§ 1 Abs. 3 Nr. 3)
    – Einigkeit, keine Verpflichtungen nach § 2 begründen zu wollen (§ 1 Abs. 3 Nr. 4); also: es darf kein Fall einer „Scheinpartnerschaft" aus z. B. nur aufenthaltsrechtlichen Erwägungen vorliegen.

Mangelt es an einer dieser oder an mehreren der genannten Voraussetzungen, führt dies zur gänzlichen Unwirksamkeit der Partnerschaftsbegündung (Schwab 2013b, R2. 1018). Im LPartG wird also nicht wie im Eherecht (vgl. Kapitel 2.2) zwischen einer Nicht-Ehe (bei Verstoß gegen § 1310 Abs. 1) und einer nach § 1313 ff. aufhebbaren Ehe differenziert, weil es keine Aufhebung der Lebenspartnerschaft wie im Eherecht gibt. Allerdings verwendet der Gesetzgeber im LPartG den Begriff „Aufhebung der Lebenspartnerschaft" sodann in § 15 LPartG in exakt demselben Sinne wie bei der Ehescheidung nach §§ 1564 ff.

14.2   Rechtswirkungen der Lebenspartnerschaft

14.2.1   Lebenspartnerschaftsname

Wie auch Eheleute müssen Lebenspartner/innen keinen Lebenspartnernamen wählen. Sie können dies jedoch tun und haben dabei ähnliche Kombinationsmöglichkeiten wie Eheleute (vgl. § 3 LPartG).

14.2.2   Persönliche Rechte und Verpflichtungen

Gemäß § 2 LPartG sind die Lebenspartner „einander zu Fürsorge und Unterstützung sowie zur gemeinsamen Lebensgestaltung verpflichtet. Sie tragen füreinander Verantwortung." Was (anders als bei der Verpflichtung zur ehelichen Lebensgemeinschaft gemäß § 1353 Abs. 1 Satz 2) mit der Verpflichtung „zur gemeinsamen Lebensgestaltung" gemeint ist, ist nicht recht klar; offenbar soll die genannte Verpflichtung nicht so weitreichend sein wie im Falle der Verpflichtung zur ehelichen Lebensgemeinschaft (vgl. Münder et al. 2013, 96). Darüber hinaus ergeben sich jedoch mit Blick auf die persönlichen Verpflichtungen der Lebenspartner/innen viele Parallelen zum Eherecht, insbesondere was gegenseitige Fürsorge und Unterstützung sowie „Lebenspartnerschaftsunterhalt" (§ 5 LPartG) anbelangt (siehe Übersicht 66).

Vertiefung:
Wichtige Rechte und Verpflichtungen aufgrund einer Lebenspartnerschaft nach dem LPartG

Übersicht 66

1. Verpflichtung zu Fürsorge und Unterstützung, zur gemeinsamen Lebensgestaltung und zum Tragen von Verantwortung füreinander (§ 2)
2. Verbundenheit in einer gegenseitigen Solidargemeinschaft, insbesondere gegenseitige Verpflichtung zum Lebenspartnerschaftsunterhalt (§ 5)
3. Befugnis zur Mitentscheidung in Angelegenheiten des täglichen Lebens des Kindes des Lebenspartners (so genanntes „kleines Sorgerecht") bzw. Eilentscheidungsrechte (§ 9 Abs. 1 und 2)

4. Erteilung des Lebenspartnerschaftsnamens an Kinder möglich (vgl. § 9 Abs. 5)

5. Annahme des Kindes des Lebenspartners durch den (anderen) Lebenspartner allein möglich: „Stiefkindadoption" (§ 9 Abs. 7 Satz 1)

6. Erb- und Pflichtteilsrechte wie bei Ehegatten (§ 10)

7. Lebenspartner/innen sind Angehörige im Sinne des Strafrechts (§ 11 Abs. 1 Nr. 1 StGB) und haben Zeugnisverweigerungsrechte im Zivil- und Strafprozess, auch wenn die Lebenspartnerschaft nicht mehr besteht (§ 383 Abs. 1 Nr. 2a ZPO, § 52 Abs. 1 Nr. 2a StPO)

8. Lebenspartner/innen „gelten" wechselseitig als „Familienangehörige" und als mit den Verwandten des Lebenspartners verschwägert (§ 11)

9. Viele weitere Rechte z. B. im Sozial-, öffentlichen Dienst- und Gesundheitsrecht, im Staatsangehörigkeits- und Aufenthaltsrecht, im Mietrecht oder im gerichtlichen Verfahrensrecht.

14.2.3 Vermögensrechtliche Konsequenzen der Lebenspartnerschaft

Gemäß § 6 LPartG leben Lebenspartner/innen (wie Ehegatten) im Güterstand der Zugewinngemeinschaft, wenn sie nicht durch Lebenspartnerschaftsvertrag (§ 7) etwas anderes vereinbaren. Das Eherecht des BGB wird hier weit gehend für entsprechend anwendbar erklärt (§§ 1363 Abs. 2, 1364 bis 1390, 1409 bis 1563). In § 8 werden Parallelregelungen zu den §§ 1362 und 1357 getroffen.

14.3 Getrenntleben und Aufhebung der Lebenspartnerschaft

14.3.1 Getrenntleben der Lebenspartner

Für den Fall des Getrenntlebens bestehen hinsichtlich des Unterhalts bei Getrenntleben (§ 12), der Hausratsverteilung (§ 13) und der Wohnungszuweisung (§ 14 LPartG) inhaltsgleiche Vorschriften wie für Eheleute (§§ 1361, 1361a, 1361b).

14.3.2   Aufhebung der Lebenspartnerschaft

Die Aufhebung der Lebenspartnerschaft, die nicht der Aufhebung der Ehe nach den §§ 1313 ff., sondern der Scheidung der Ehe nach §§ 1564 ff. entspricht, erfolgt ebenfalls gemäß § 15 Abs. 1 LPartG auf Antrag eines oder beider Lebenspartner durch „richterliche Entscheidung" (des Familiengerichts). Im Unterschied zur Ehescheidung, die nur bei „Scheitern der Ehe" in Betracht kommt (nach Schwab 2013b, Rz. 1035 gibt es „so etwas Hässliches … offenbar nur bei der Ehe!"), wird hier im Wesentlichen auf formale Gesichtspunkte (Antragstellung und Abgabe von Erklärungen) sowie zeitliche Aspekte abgestellt, die allerdings weitgehend dem Eherecht nachgebildet sind (siehe Übersicht 67).

Tatbestände der Aufhebung der Lebenspartnerschaft nach § 15 Abs. 2 Satz 1 Nrn. 1 bis 3 LPartG

Übersicht 67

1. Ein Jahr Getrenntleben und
a) Einvernehmen der Lebenspartner über die Aufhebung
b) oder Erwartung, dass die partnerschaftliche Lebensgemeinschaft nicht wieder hergestellt werden kann;

2. oder: drei Jahre Getrenntleben und Aufhebungsantrag eines Lebenspartners;

3. oder (ohne Frist): wenn die Fortsetzung der Lebenspartnerschaft für den Antragsteller aus Gründen, die in der Person des anderen Lebenspartners liegen, eine unzumutbare Härte wäre.

Ausnahme: im Fall von „schwerer Härte"(nur) für den anderen Lebenspartner bei mehr als dreijährigem Getrenntleben (§ 15 Abs. 3).

Wie im Falle der Ehescheidung gibt es auch hier (weitgehend parallel gelagerte) erhebliche rechtliche Konsequenzen der Aufhebung der Lebenspartnerschaft:

1. Zugewinnausgleich (vgl. § 6 LPartG)
2. Nachpartnerschaftlicher Unterhalt (§ 16 LPartG)
3. ggf. familiengerichtliche Entscheidungen über Wohnung und Haushaltsgegenstände (§ 17 LPartG)
4. Versorgungsausgleich in entsprechender Anwendung des Versorgungsausgleichsgesetzes (§ 20 LPartG)
5. teilweise: Verlust von Vergünstigungen im Sozialrecht

Vertiefung: Abgesehen von nach wie vor bedeutsamen Unterschieden zwischen Ehe und Eingetragener Lebenspartnerschaft im Adoptions- und Steuerrecht bestehen nach den in den Jahren nach 2001 erfolgten weiteren Angleichungen von BGB und LPartG im Wesentlichen nur noch die folgenden (recht wenigen) Unterschiede zwischen der Lebenspartnerschaft (LPartG) und der Ehe (BGB) (siehe Tabelle 7).

Tab. 7: Unterschiede zwischen LPartG und Ehe

LPartG	Ehe
1. Keine Begründung zwischen Minderjährigen (§ 1 Abs. 2 Nr. 1)	16/17-jährige können (bei Vorliegen der Voraussetzungen des § 1303) einen Volljährigen heiraten
2. Keine Aufhebung der Lebenspartnerschaft entsprechend §§ 1313 ff.	Aufhebbarkeit der Ehe (§§ 1313 ff.) möglich – neben der Ehescheidung (§§ 1564 ff.)
3. Verpflichtung zu „gemeinsamer Lebensgestaltung" (§ 2)	Verpflichtung zur „ehelichen Lebensgemeinschaft" (§ 1353 Abs. 1 Satz 2)
4. Keine gemeinsame Annahme eines Kindes möglich (vgl. § 9 Abs. 7)	Gemeinsame Annahme eines Kindes durch beide Ehegatten (§ 1741 Abs. 2 Satz 2) möglich und in der Praxis der Regelfall
5. Aufhebung der Lebenspartnerschaft bei Vorliegen formaler und zeitlicher Voraussetzungen	Scheidung nur bei „Scheitern der Ehe" (§ 1565), das jedoch bei ähnlichen Voraussetzungen zumeist unwiderlegbar vermutet wird
6. insoweit keine Regelung	keine Scheidung bei außergewöhnlicher Härte für Kinder (vgl. § 1568)
7. bisher keine steuerrechtliche Vergünstigung der Partnerschaft	erhebliche steuerliche Vergünstigungen für Eheleute

Inzwischen hat das Bundesverfassungsgericht in mehreren Fällen die bis dahin bestehenden Ungleichbehandlungen von Ehe und Eingetragener Lebenspartnerschaft für verfassungswidrig erklärt (BVerfG FamRZ 2010, 1525; 2010, 1545, 1546; 2012, 1477; 2013, 521; 2013, 1103).

📖 Literatur

Bruns, M., Kemper, R. (2005): Lebenspartnerschaftsrecht. Handkommentar, 2. Aufl.

Burhoff, D., Willlemsen, V. (2014): Handbuch der nichtehelichen Lebensgemeinschaft. 4. Aufl.

Duderstadt, J. (2004): Die nichteheliche Lebensgemeinschaft. 2. Aufl.

Grziwotz, H. (2014): Rechtsprechung zur nichtehelichen Lebensgemeinschaft. FamRZ, 257-263

Grziwotz, H. (2010): Rechtsfragen des nichtehelichen Zusammenlebens. 3. Aufl.

Grziwotz, H. (2006): Nichteheliche Lebensgemeinschaft. 4. Aufl.

Schwab, M. (2010): Die Vermögensauseinandersetzung in nichtehelichen Lebensgemeinschaften. FamRZ 2010, 1701

Tzschaschel, H.-U. (2010): Vereinbarungen bei nichtehelichen Lebensgemeinschaften. 5. Aufl.

Fall 14: Rund um die Eingetragene Lebenspartnerschaft

Der 23-jährige Andreas (A) und der 35-jährige Bernd (B) leben zusammen. A würde B am liebsten „heiraten" bzw. eine Eingetragene Lebenspartnerschaft begründen und fragt, welche Voraussetzungen dafür erfüllt sein müssen und welche Konsequenzen dies hätte – auch für den Fall einer Trennung, da B bereits mehrere Partnerschaften gelebt hat.

1. Wohin müssen A und B zur Begründung einer Eingetragenen Lebenspartnerschaft gehen?

2. Kann A eine solche Lebenspartnerschaft vorsichtshalber davon abhängig machen, dass B auch treu bleibt?

3. Gibt es gesetzliche Vorschriften für die Intensität des Zusammenlebens von A und B?

4. Könnte A aufhören zu arbeiten und sich von B in vollem Umfange finanziell unterhalten lassen?

5. Könnte A auf Gütergemeinschaft oder B auf Gütertrennung bestehen?

6. Könnten A und B ein Kind adoptieren?

7. Könnte A denn B im Todesfall beerben?

8. Gesetzt den Fall, B würde nach einiger Zeit A verlassen. Könnte er sich von A bereits nach sechs Monaten nach der Begründung der Lebenspartnerschaft „scheiden" lassen? Oder nach zwei Jahren?

9. Abwandlung des Falles: Könnte A, der seinen Beruf aufgegeben hat, um ganz für B zu sorgen, nach 20-jähriger Dauer der Lebenspartnerschaft von dem sehr wohlhabenden B verlangen, dass er ihn auch dauerhaft nach Aufhebung der Lebenspartnerschaft weiter unterhält?

10. Wie wäre es im Hinblick auf eventuelle Versorgungsanwartschaften?

Anhang

Musterlösungen

Lösung Fall 2: Eheschließung und Ehewirkungen

1. Gemäß § 1310 Abs. 1 Satz 1 wird die Ehe „nur dadurch geschlossen, dass die Eheschließenden vor dem Standesbeamten erklären, die Ehe miteinander eingehen zu wollen." Danach hat es den Anschein, als dass eine wirksame Eheschließung zustande gekommen ist. Allerdings ist nicht jeder Standesbeamte überall in Deutschland „Standesbeamter", sondern nur in dem Bezirk, in dem er nach dem Personenstandsgesetz als solcher bestellt worden ist. Das Tatbestandsmerkmal „Standesbeamter" ist deshalb einengend auszulegen im Sinne „vor dem zuständigen Standesbeamten". Daran mangelt es im vorliegenden Fall, so dass keine rechtswirksame Ehe zustande gekommen ist.

2. In Gelsenkirchen hat der zuständige Standesbeamte gehandelt. Die Voraussetzungen des § 1310 Abs. 1 Satz 1 sind deshalb erfüllt, so dass im vorliegenden Fall eine Ehe geschlossen wurde, auch wenn der Standesbeamte übersehen hat, dass B erst 17 Jahre alt war. Darin liegt ein Verstoß gegen § 1303 Abs. 2 vor, so dass die Ehe durch gerichtliches Urteil aufgehoben werden kann, da ein Aufhebungsgrund nach § 1314 Abs. 1 vorliegt. Allerdings setzt dies voraus, dass ein Antrag nach §§ 1313, 1316 gestellt wird.

3. Gemäß § 1356 Abs. 1 Satz 1 regeln die Ehegatten die Haushaltsführung im gegenseitigen Einvernehmen, und beide Ehegatten sind nach § 1356 Abs. 2 Satz 1 berechtigt, erwerbstätig zu sein. A kann deshalb nicht ohne weiteres von B „verlangen", dass sie ihren Beruf aufgibt. Vielmehr obliegt es den Eheleuten, Fragen von Haushaltsführung und Erwerbstätigkeit im gegenseitigen Einvernehmen zu regeln.

4. Gemäß § 1353 Abs. 1 Satz 2 sind die Ehegatten einander zur ehelichen Lebensgemeinschaft verpflichtet. Daraus und aus dem allgemeinen Persönlichkeitsrecht hat die Rechtsprechung ein Recht auf Schutz des räumlich-gegenständlichen Bereichs der Ehe entwickelt (vgl. BGHZ 6, 360; FamRZ 1956, 50; 1963, 553). Dieses Recht ist sowohl vom Ehepartner als auch von Dritten zu respektieren, so dass danach die Beeinträchtigung dieses Rechts – und damit auch der Ehewohnung – verlangt und gerichtlich durchgesetzt werden kann. B muss also nicht akzeptieren, dass die Freundin von A in der Ehewohnung übernachtet.

Lösung Fall 3: Der Unterhaltsverzicht

1. Aufgrund der Tatsache, dass die geschiedene Frau F zu Hause die Kinder betreut, ist sie außerstande, selbst für ihren eigenen Unterhalt zu sorgen. F kann deshalb grundsätzlich gemäß § 1569 von M Unterhalt verlangen, und zwar „nach den folgenden Vorschriften" (vgl. § 1569, am Ende), nämlich den §§ 1570 ff.

2. F kann (als geschiedener Ehegatte) von M nach § 1570 wegen der Pflege oder Erziehung eines gemeinschaftlichen Kindes für mindestens drei Jahre nach der Geburt (jedes der beiden Kinder) Unterhalt verlangen, da die beiden Töchter erst ein und zwei Jahre als sind.

3. Im vorliegenden Fall haben F und M jedoch am Tag vor der Eheschließung eine notariell beurkundete Vereinbarung unterzeichnet. Dabei handelt es sich um einen Unterhaltsverzichtsvertrag im Sinne vom § 1585c mit Vereinbarungen über die Unterhaltspflicht für die Zeit nach der Scheidung. Verträge wie dieser stehen Unterhaltsansprüchen grundsätzlich entgegen.

4. Allerdings könnte der genannte Unterhaltsvertrag gegen den Grundsatz von Treu und Glauben (§ 242) verstoßen. Gemäß § 242 ist der Schuldner verpflichtet, die Leistung so zu bewirken, wie Treu und Glauben mit Rücksicht auf die Verkehrssitte es erfordern. Diese gesetzliche Bestimmung gilt für alle Schuldverhältnisse und alle Verträge nach dem BGB, also auch für Unterhaltsverträge im Sinne von § 1585c. Nach der Rechtsprechung ist die Berufung auf einen Unterhaltsvertrag dem Unterhaltspflichtigen dann verwehrt, wenn und soweit das Kindeswohl den Fortbestand der Unterhaltspflicht erfordert (vgl. BGH FamRZ 1992, 1403 ff., FamRZ 2004, 601). Im vorliegenden Fall ist nicht ersichtlich, dass die Pflege und Erziehung der beiden Kinder anders als durch die persönliche Betreuung von F gewähr-leistet werden könnte. Deshalb gebietet es das Kindeswohl, dass M seiner geschiedenen Ehefrau weiterhin den Unterhalt leistet, den sie zur Sicherstel-lung ihrer Betreuungsaufgaben benötigt. M kann sich deshalb nicht auf den Unterhaltsvertrag berufen.

5. Ein Unterhaltsanspruch wäre zu versagen oder herabzusetzen, soweit die Inanspruchnahme des Verpflichteten auch unter Wahrung der Belange eines dem Berechtigten zur Pflege oder Erziehung anvertrauten gemein-schaftlichen Kindes grob unbillig wäre, weil der Berechtigte seine Bedürftig-keit „mutwillig herbeigeführt hat" (§ 1579 Nr. 4). Mangels näherer Anga-ben im Sachverhalt kann jedoch nicht davon ausgegangen werden, dass F die 40.000 € in zwei Jahren „verschleudert" und deshalb ihre Bedürftigkeit „mutwillig" herbeigeführt hätte. Es kommt hinzu, dass § 1579 als Ausnah-metatbestand gegenüber der grundsätzlich bestehenden Unterhaltspflicht eng auszulegen ist. Nach alledem sind die Voraussetzungen von § 1579 Nr. 4 nicht erfüllt.

6. F kann von M nachehelichen Unterhalt aufgrund von §§ 1569, 1570 ver-langen.

Lösung Fall 4a: Komplizierte Vaterschaft

1. Nein, denn „stadtbekannt" erfüllt keinen der Tatbestände von § 1592 Nr. 1, 2, 3.

2. Nein, denn gemäß § 1595 Abs. 1 bedarf die Anerkennung der Vater-schaft der Zustimmung der Mutter. Da E minderjährig ist, ist gemäß § 1596 Abs. 2 Satz 2, 2. Halbsatz, außerdem die Zustimmung des gesetzlichen Ver-treters erforderlich.

3. H könnte in diesem Fall gemäß § 1596 Abs. 3 als geschäftsfähiger Betreu-ter die Vaterschaft für K (nur selbst) anerkennen.

4. Wenn H die Vaterschaft bisher nicht anerkannt hat, kann S die Vater-schaft für K anerkennen, selbst wenn er nicht der wahre Vater ist. Dies er-gibt sich aus § 1598 Abs. 1, wonach die Anerkennung nur unwirksam ist, wenn sie den „Erfordernissen der vorstehenden Vorschriften" nicht genügt. In den „vorstehenden" Vorschriften der §§ 1594 bis 1597 wird jedoch nicht auf die (wahre) biologische Vaterschaft als Wirksamkeitsvoraussetzung für die Anerkennung abgestellt.

5. Sofern H allerdings die Vaterschaft bereits anerkannt hat, ist eine (weitere) Anerkennung der Vaterschaft durch S gemäß § 1594 Abs. 2 nicht möglich.

Lösung Fall 4b: Vielerlei Anfechtungen

Hinweis: In allen Fallgestaltungen ist zunächst die Anfechtungsberechtigung nach § 1600 zu prüfen und sind sodann ggf. weitere Besonderheiten nach § 1600a bzw. § 1600b zu beachten.

1. A ist gemäß § 1600 Abs. 1 Nr. 1 berechtigt, die Vaterschaft anzufechten, da seine Vaterschaft nach § 1592 Nr. 1 besteht. Als geschäftsfähiger Betreuer kann er gemäß § 1600a Abs. 5 die Vaterschaft (nur selbst) anfechten.

2. K ist anfechtungsberechtigt nach § 1600 Abs. 1 Nr. 4 (als Kind). Für K kann nur der gesetzliche Vertreter anfechten (§ 1600a Abs. 3). Dabei muss die Anfechtung dem Kindeswohl dienen (§ 1600a Abs. 4).

3. E ist als Mutter anfechtungsberechtigt nach § 1600 Abs. 1 Nr. 3. Obwohl E minderjährig ist, steht ihr das Anfechtungsrecht als höchstpersönliche Befugnis gemäß § 1600a Abs. 2 Satz 2 selbst zu und es bedarf hierzu nicht der Zustimmung ihres gesetzlichen Vertreters!

Zur Zusatzfrage: Die Vaterschaft kann (und muss) grundsätzlich binnen zwei Jahren ab Kenntnis der Umstände, die gegen die Vaterschaft sprechen, gerichtlich angefochten werden (vgl. § 1600b Abs. 1). Im Falle des § 1600b Abs. 3 kann das Kind nach dem Eintritt seiner Volljährigkeit selbst anfechten – aber ebenfalls nur binnen zwei Jahren nach Kenntnis der Umstände, die gegen die Vaterschaft sprechen. Im vorliegenden Fall wäre es mithin nach drei Jahren für eine Anfechtung zu spät.

Unbeschadet dessen stellt sich die Frage nach einem eventuellen Auskunftsanspruch gegenüber der Mutter im Hinblick auf den tatsächlichen Vater. Ein solches Recht auf Kenntnis der eigenen Abstammung ist gesetzlich nicht geregelt, wird jedoch allgemein aufgrund von Art. 2 Abs. 1 in Verbindung mit

Art. 1 Abs. 1 GG anerkannt. Danach könnte A – unbeschadet der Problematik der Anfechtungsfrist nach § 1600b – grundsätzlich einen Auskunftsanspruch gegen seine Mutter im Klagewege verfolgen (BVerfG NJW 1989, 891). Außerdem besteht nunmehr gemäß § 1598a ein expliziter Anspruch auf Einwilligung in eine genetische Untersuchung zur Klärung der leiblichen Abstammung.

Lösung Fall 5: Doppelter Verwandtenunterhalt

1. Da M von S abstammt, ist er mit ihm gemäß § 1589 Satz 1 in gerader Linie verwandt. Deshalb ist S grundsätzlich verpflichtet, M gemäß § 1601 (Verwandten-)Unterhalt zu gewähren. Unterhaltsberechtigt ist M gemäß § 1602 Abs. 1 allerdings nur insoweit, als er außerstande ist, sich selbst zu unterhalten. Er muss deshalb in zumutbarer Weise Einkommen, Vermögen und Arbeitskraft einsetzen, und nur soweit ihm dies nicht möglich ist, ist er auch bedürftig und damit unterhaltsberechtigt i. S. v. § 1602 Abs. 1. Konkret heißt dies, dass er sich seine Ausbildungsvergütung und die Zinserträge auf den Unterhaltsanspruch anrechnen lassen muss. Allerdings braucht er gemäß § 1602 Abs. 2 als minderjähriges unverheiratetes Kind den Stamm seines Vermögens (8.000 € in Pfandbriefen) nicht anzugreifen. Da S laut Sachverhalt ein wohlhabender Kaufmann ist, ist seine Leistungsfähigkeit nach § 1603 Abs. 1 zu unterstellen. Mithin hat M einen Unterhaltsanspruch gegenüber S insoweit, als seine Ausbildungsvergütung und die (geringen) Zinseinkünfte für seinen Unterhalt nicht ausreichen.

2. Da S von A abstammt, sind beide in gerader Linie gemäß § 1589 Satz 1 miteinander verwandt, deshalb ist S grundsätzlich verpflichtet, auch A gemäß § 1601 Unterhalt zu gewähren. Auch A ist jedoch nur insoweit unterhaltsberechtigt gemäß § 1602 Abs. 1, als er außerstande ist, sich selbst zu unterhalten. Auch A muss mithin in zumutbarer Weise Einkommen, Vermögen und Arbeitskraft einsetzen, zunächst also seine (kleine) Rente und die Mieteinnahmen. Fraglich ist, ob er darüber hinaus auch sein Haus verkaufen muss. Grundsätzlich erfordert ein Unterhaltsanspruch zuvor die Verwertung von Vermögen in zumutbarer Weise – abgesehen von der Sonderregelung gemäß § 1602 Abs. 2 (siehe 1.). Gegen den Verkauf des Hauses spricht jedoch, dass dessen Erlös vermutlich nach kurzer Zeit aufgebraucht wäre und zudem keine Mieteinnahmen mehr zu erzielen wären. Darüber hinaus würde sich die Situation bald so darstellen, dass die Unterhaltsverpflichtungen höher würden als gegenwärtig. Von daher wäre ein Hausverkauf unwirtschaftlich. Da S gemäß § 1603 Abs. 1 leistungsfähig ist, hat mithin auch A gegenüber S einen Unterhaltsanspruch, muss sich jedoch seine Rente und die Mieteinnahmen darauf anrechnen lassen. S muss im Übrigen beide Unterhaltsverpflichtungen gegenüber M und A erfüllen, da er im vorliegenden Fall mit Blick auf beide uneingeschränkt leistungsfähig ist und sich die Frage eines eventuellen Rangverhältnisses bei mehreren Bedürftigen gemäß § 1609 im vorliegenden Fall nicht stellt.

Lösung Fall 6: Studentenunterhalt

In allen Fallvarianten ist nach dem Sachverhalt zweifelsfrei zu unterstellen, dass die Voraussetzungen der §§ 1601, 1602 und 1603 vorliegen (sonst: ggf. genau prüfen!).

1. Gemäß § 1612 Abs. 1 Satz 1 ist der Verwandtenunterhalt grundsätzlich durch Entrichtung einer Geldrente zu gewähren. Allerdings wird dieser Grundsatz in § 1612 Abs. 2 Satz 1 mit Blick auf unverheiratete (minderjährige und volljährige!) Kinder praktisch umgekehrt, als dass Eltern bestimmen können, in welcher Art und für welche Zeit im Voraus der Unterhalt gewährt werden soll, sofern auf die Belange des Kindes die gebotene Rücksicht genommen wird („Naturalunterhalt"). Hier muss ggf. durch das Familiengericht eine Abwägung vorgenommen werden. Im Fall a) – Entfernung von 30 Minuten – ist kein Anhaltspunkt dafür ersichtlich, das Bestimmungsrecht zu ändern. Anders wird nach der Rechtsprechung Fall b) – Fahrtzeit von täglich 3,5 Stunden – zu beurteilen sein, so dass K hier eine Geldrente durchsetzen könnte.

2. Hier ist es anders, da K verheiratet ist und die Regelung des § 1612 Abs. 2 („unverheiratete Kinder") nicht zutrifft. Hier verbleibt es dabei, dass der Unterhalt gemäß § 1612 Abs. 1 Satz 1 durch Entrichtung einer Geldrente zu gewähren ist.

3. Bei Minderjährigkeit des Kindes kann nur der/die Personensorgeberechtigte die Art der Unterhaltsgewährung bestimmen. Denn das Bestimmungsrecht des Unterhaltsverpflichteten besteht gemäß § 1612 Abs. 2 Satz 2 nur für die Zeit, in der das Kind in seinem Haushalt aufgenommen ist. Da K jedoch nicht bei seinem Vater, sondern bei seiner Mutter lebt, kann allein diese die Art der Unterhaltsgewährung nach § 1612 bestimmen.

4. Für diesen Fall enthält § 1612 keine Lösung. Bei gemeinsamer Sorge der Eltern sind jedoch die Regelungen der §§ 1627 und 1628 analog heranzuziehen. Das heißt, die Eltern müssen versuchen, sich über die Bestimmung des Unterhalts zu einigen; ggf. können sie das Familiengericht anrufen.

5. Mit Blick auf die Fallgestaltungen 5 bis 10 ist die sehr allgemeine Regelung des § 1610 von zentraler Bedeutung. Danach bestimmt sich das Maß des zu gewährenden Unterhalts nach der Lebensstellung des Bedürftigen – hier: eines Studenten (§ 1610 Abs. 1) – und umfasst den gesamten Lebensbedarf einschließlich der Kosten einer angemessenen Vorbildung zu einem Beruf (§ 1610 Abs. 2). Dazu gehört bei auswärtiger Unterbringung eines Studenten unstrittig die Miete für das Zimmer.

6. Dasselbe gilt mit Blick auf die Kosten des Studiums (Bücher, Studiengebühren etc.).

7. Dazu gehört jedoch nicht der Unterhalt für Karls Frau, da es an einem Verwandtschaftsverhältnis in gerader Linie gemäß § 1601 mangelt.

8. Die Kosten für Ernährung, Körperpflege und Taschengeld gehören zum Unterhalt eines Studenten gemäß § 1610.

9. Andererseits sind die monatlichen Raten für die Abzahlung eines Darlehens nicht dem geschuldeten Unterhalt zuzurechnen. Denn die Abzahlung von Darlehen ist nach der Lebensstellung eines Studenten nicht zwingend erforderlich; auch könnten die Unterhaltsverpflichtungen damit gleichsam beliebig ausgeweitet werden.

10. Genauso wenig gehört der Betrag für eine Lebensversicherung zu Gunsten seiner Frau zum notwendigen Unterhalt eines Studenten.

Gemäß § 1612 Abs. 3 ist jeweils eine Geldrente monatlich – und nicht vierteljährlich – von den Eltern im Voraus zu bezahlen.

Lösung Fall 7: Erwerb der elterlichen Sorge

Hinweis: Bei solchen Fallgestaltungen ist in einem ersten Schritt zu prüfen, ob die betreffenden Personen Vater und Mutter sind (vgl. §§ 1591, 1592 ff.); dies ist hier nach dem Sachverhalt der Fall. Sodann ist der Erwerb der elterlichen Sorge zu prüfen (§ 1626a), und schließlich ist zu untersuchen, ob sich hier später etwas geändert hat (vgl. §§ 1666 bis 1696).

1. In diesem Fall haben E und A, da sie im Zeitpunkt der Geburt des Kindes miteinander verheiratet sind, gemeinsam die elterliche Sorge erworben (§ 1626a Abs. 1 Umkehrschluss). Ist E minderjährig, so ruht ihre elterliche Sorge gemäß §§ 1673 Abs. 2 Satz 1 und 1675, und der mit E verheiratete A übt gemäß § 1678 Abs. 1 die elterliche Sorge allein aus. Dasselbe gilt im umgekehrten Fall, wenn Adam minderjährig ist, mit Blick auf E. Der Fall, dass beide minderjährig verheiratet sind, ist nach deutschem Recht nicht möglich (vgl. § 1303 Abs. 1, 2).

2. Hier sind jeweils zwei zeitliche Phasen zu unterscheiden. Zunächst hat E als unverheiratete Mutter die elterliche Sorge allein (§ 1626a Abs. 3). Nach der Heirat haben E und A gemeinsam die elterliche Sorge nach § 1626a Abs. 1 Nr. 2. Im Falle der Minderjährigkeit von E ruht deren Alleinsorge wiederum gemäß §§ 1673 Abs. 2 Satz 1 und 1675; in diesem Fall wird das Jugendamt gemäß § 1791c Abs. 1 mit der Geburt von K gesetzlicher Amtsvormund. Nach der Heirat von E und A (Folge: § 1626a Abs. 1 Nr. 2) ruht das Sorgerecht der minderjährigen E gemäß §§ 1673 Abs. 2 Satz 1 und 1675, und A übt die elterliche Sorge gemäß § 1678 Abs. 1 alleine aus. Wenn A minderjährig und E volljährig wäre, hätte die unverheiratete E die elterliche Sorge gemäß § 1626a Abs. 3 allein erworben. Nach der Heirat mit dem minderjährigen A (Folge: § 1626a Abs. 1 Nr. 2) ruht dessen Sorgerecht gemäß §§ 1673 Abs. 2 Satz 1, 1675 mit der Folge, dass E die elterliche Sorge gemäß § 1678 Abs. 1 allein ausüben würde. Wären schließlich E und A beide minderjährig, würde die Alleinsorge von E (§ 1626a Abs. 3) erneut ruhen (§§ 1673 Abs. 2 Satz 1, 1675), so dass auch hier die gesetzliche Amtsvormundschaft des Jugendamtes eintreten würde (§ 1791c Abs. 1). Der Fall schließlich, dass zwei Minderjährige heiraten, ist nach deutschem Recht nicht möglich (siehe 1.).

3. Auch hier sind wie bei 2. zwei zeitliche Phasen zu unterscheiden, wobei es auf ein Zusammenleben sorgerechtlich nicht ankommt, sondern nur darauf, ob Vater und Mutter verheiratet sind oder nicht. Im vorliegenden Fall sind E und A zunächst unverheiratet, und später haben sie rechtswirksam gemeinsam gemäß § 1626a Abs. Nr. 1 die Sorge für K übernommen. Mit Blick auf beide zeitliche Phasen gilt auch hier das zu 2. Ausgeführte, denn die Übernahme der gemeinsamen Sorge durch Sorgeerklärungen hat dieselben rechtlichen Wirkungen wie die (spätere) Heirat nach der Geburt des Kindes K (siehe 2.), nämlich das gemeinsame Sorgerecht von E und A. Die Schwierigkeit liegt ggf. allein bei der Abgabe der Sorgeerklärungen. Zunächst müssen beide (!) Eltern Sorgeerklärungen abgeben, was nach dem Sachverhalt der Fall ist. Auch Minderjährige können dies tun. Dazu bedarf es allerdings der Zustimmung des gesetzlichen Vertreters gemäß § 1626c Abs. 2 Satz 1, also von deren Eltern oder eines allein sorgeberechtigten Elternteils oder des Vormundes. Interessant ist, dass E und A – anders als bei der Heirat (vgl. § 1303 Abs. 1 und 2) – als Minderjährige mit Zustimmung der jeweiligen gesetzlichen Vertreter Sorgeerklärungen abgeben können. Allerdings ruht die gemäß § 1626a Abs. 1 Nr. 1 aufgrund von Sorgeerklärungen erworbene elterliche Sorge wiederum gemäß §§ 1673 Abs. 2 Satz 1 und 1675 mit Blick auf den jeweils minderjährigen Elternteil, und die elterliche Sorge wird wiederum durch den volljährigen Elternteil gemäß § 1678 Abs. 1 allein ausgeübt bzw. es tritt gemäß § 1791c Abs. 1 wiederum die gesetzliche Amtsvormundschaft des Jugendamtes ein.

4. Auf den Umstand des Alleinlebens kommt es sorgerechtlich ebenfalls nicht an, sondern lediglich darauf, ob E und A verheiratet sind bzw. Sorgeerklärungen abgegeben haben oder nicht. Insofern gibt es keine Unterschiede zu den Fallgestaltungen 2. und 3.

Lösung Fall 8: Probleme bei der gesetzlichen Vertretung

1. K ist minderjährig, über sieben Jahre alt und deshalb gemäß § 106 in der Geschäftsfähigkeit beschränkt. Er bedarf zu einer Willenserklärung wie den Abschluss eines Abonnement-Vertrages gemäß § 107 der Einwilligung seines gesetzlichen Vertreters. Da V und M miteinander verheiratet sind, bedarf es zur Rechtswirksamkeit des Abonnement-Vertrages gemäß § 1629 Abs. 1 Satz 2 mithin der Zustimmung beider Eltern M und V.

2. Nach dem Sachverhalt haben M und V das gemeinsame Sorgerecht für K und deshalb auch die Vermögenssorge (vgl. § 1626 Abs. 1 Satz 2). Allerdings unterliegen auch Eltern bei der Ausübung bestimmter Rechtsgeschäfte Beschränkungen insoweit, als sie gemäß § 1643 Abs. 1 in bestimmten Fällen, in denen auch ein Vormund der Genehmigung des Familiengerichts bedarf, (ebenfalls) die Genehmigung des Familiengerichts einholen müssen. Dies gilt unter anderem für den Fall des § 1821. Gemäß § 1821 Abs. 1 Nr. 1 bedarf der Vormund der Genehmigung des Gerichts im Falle der Verfügung über ein Grundstück. Entsprechend gilt dies im vorliegenden Fall auch für die Eltern bei der Ausübung der Vermögenssorge, so dass sie für den Verkauf des Grundstücks gemäß § 1643 Abs. 1 in Verbindung mit § 1821 Abs. 1 Nr. 1 der Genehmigung des Familiengerichts bedürfen. Darauf, ob K damit einverstanden ist, kommt es rechtlich nicht an.

3. Nein, der Leiter des Internats ist nicht Inhaber des elterlichen Sorgerechts – einschließlich des Aufenthaltsbestimmungsrechts nach § 1631 Abs. 1 –, sondern dies sind nach wie vor die Eltern V und M. Diese können deshalb gemäß § 1632 Abs. 1 die Herausgabe des Kindes von dem Leiter des Internats verlangen, der das Kind ihnen insoweit – weil gegen den Willen der Eltern – „widerrechtlich" vorenthält.

4. Grundsätzlich müssen bei gemeinsamer Sorge beide Eltern in eine Operation ihres Kindes einwilligen, da sie das Kind gemeinschaftlich gemäß § 1629 Abs. 1 Satz 2 vertreten. Wenn allerdings die Operation, wie nach dem Sachverhalt anzunehmen ist, sofort geschehen muss, droht „Gefahr im Verzug". In diesem Fall ist gemäß § 1629 Abs. 1 Satz 4 jeder Elternteil (auch allein) befugt, alle Rechtshandlungen vorzunehmen, die zum Wohl des Kindes notwendig sind; dies gilt im vorliegenden Fall auch für die Zustimmung zur Operation.

5. Wenn K als Minderjähriger (vgl. § 1303 Abs. 2) verheiratet ist, beschränkt sich gemäß § 1633 die Personensorge seiner Eltern mit Blick auf ihn „auf die Vertretung in den persönlichen Angelegenheiten". Im Umkehrschluss folgt daraus, dass deren tatsächliche Personensorge und damit auch ihr Aufenthaltsbestimmungsrecht mit der Heirat endet. K darf also nunmehr bei F wohnen. Gemäß § 1633 bleibt jedoch die Vertretung in den persönlichen Angelegenheiten in vollem Umfang bestehen. Darüber hinaus sagt § 1633 nichts über die Vermögenssorge. Insoweit bleibt es bei den allgemeinen Vorschriften der §§ 1626 und 1629, so dass die tatsächliche Vermögenssorge und die gesetzliche Vertretung bei der Vermögenssorge in vollem Umfang bei M und V bis zur Volljährigkeit von K verbleiben. Deshalb bedarf K weiterhin der Zustimmung beider Eltern in allen Fällen 5.1, 5.2 und 5.3.

Lösung Fall 9: Scheidung, elterliche Sorge und Umgang

1. In diesem Fall üben weiterhin beide Eltern die elterliche Sorge gemeinsam aus, wie sich aus einem Umkehrschluss aus § 1671 Abs. 1 Satz 1 ergibt. Die Ausübung der gemeinsamen Sorge nach Scheidung richtet sich (wie auch bei Getrenntleben) sodann nach § 1687. Mit Blick auf eine Angelegenheit, deren Regelung für das Kind von erheblicher Bedeutung ist, ist dabei gemäß § 1687 Abs. 1 Satz 1 das „gegenseitige Einvernehmen" von F und M erforderlich. F müsste also zustimmen, falls M mit K nach Kanada auswandern wollte.

2. Im vorliegenden Fall ist dem Antrag von F auf Übertragung der alleinigen Sorge auf sie durch das Familiengericht gemäß § 1671 Abs. 1 Satz 2 Nr. 1 stattzugeben, da M als anderer Elternteil zugestimmt und ein über 14 Jahre altes Kind – K ist erst fünf Jahre alt – nicht widersprochen hat.

3. Wie 2; denn gemäß § 1671 Abs. 1 Satz 2 Nr. 1 kommt es auf den Willen eines unter 14 Jahre alten Kindes sorgerechtlich nicht an.

4. Anders ist es nunmehr in diesem Fall, da K über 14 Jahre alt ist. Widerspricht er, ist die Übertragung der Alleinsorge auf F gemäß § 1671 Abs. 1 Satz 2 Nr. 1 nicht möglich. Möglich ist allerdings ggf. die Übertragung der Alleinsorge gemäß § 1671 Abs. 1 Satz 2 Nr. 2, wenn zu erwarten ist, dass die Aufhebung der gemeinsamen Sorge und die Übertragung auf den Antragsteller dem Wohl des Kindes am besten entspricht. Dies muss das Familiengericht im Einzelnen prüfen und kann nach dem vorliegenden Sachverhalt nicht beurteilt werden.

5. Im vorliegenden Fall handelt es sich um zwei separate Antragsverfahren. Die Stattgabe eines der beiden Anträge gemäß § 1671 Abs. 1 Satz 2 Nr. 1 ist mangels Zustimmung des anderen Elternteils nicht möglich. Auch hier muss das Familiengericht deshalb gemäß § 1671 Abs. 1 Satz 2 Nr. 2 vor der Entscheidung über die Stattgabe des einen oder anderen Antrags prüfen, ob zunächst die Aufhebung der gemeinsamen Sorge und sodann die Übertragung der elterlichen Sorge auf einen der beiden Antragsteller allein dem Wohl des Kindes am besten entsprechen.

6. K ist nicht antragsberechtigt. Ein Antrag auf Übertragung der Alleinsorge kann gemäß § 1671 Abs. 1 Satz 1 nur von Vater und/oder Mutter gestellt werden.

7. Gemäß § 1684 Abs. 1 hat das Kind das Recht auf Umgang mit jedem Elternteil; jeder Elternteil ist zum Umgang mit dem Kind verpflichtet und berechtigt. Danach hat M auch ohne Sorgerecht als Vater ein Umgangsrecht mit seinem Sohn K, über dessen Ausgestaltung sich die Eltern, z. B im Hinblick auf Ort, Häufigkeit und Dauer, einigen müssen.

8. Können sie sich darüber nicht verständigen, kann gemäß § 1684 Abs. 3 das Familiengericht über den Umfang des Umgangsrechts entscheiden.

9. In diesem Falle kann ein so genannter begleiteter Umgang nach § 1684 Abs. 4 Satz 3 durch das Familiengericht angeordnet werden. Außerdem kann das Familiengericht das Umgangsrecht gemäß § 1684 Abs. 4 Satz 1 einschränken oder – als letztes Mittel – vollständig ausschließen.

10. Wenn K in Vollzeitpflege nach § 33 SGB VIII lebt, berührt dies grundsätzlich nicht den Fortbestand der elterlichen Sorge und der Umgangsrechte der Eltern nach §§ 1626 ff. und 1684 Abs. 1.

11. Um den Erfolg der Vollzeitpflege gemäß § 33 SGB VIII nicht zu gefährden, kommt hier ggf. eine Entscheidung des Familiengerichts gemäß § 1684 Abs. 3 über den Umfang des Umgangsrechts oder eine Einschränkung gemäß § 1684 Abs. 4 Satz 1 in Betracht.

12. In diesem Falle sind Maßnahmen nach § 1684 Abs. 3 oder 4 angezeigt.

Lösung Fall 10: Erziehungsmethoden und Entzug des Sorgerechts

1. Gemäß § 1631 Abs. 1 haben die Eltern im Rahmen der ihnen zustehenden Personensorge auch die Pflicht und das Recht, das Kind zu erziehen, zu beaufsichtigen und seinen Aufenthalt zu bestimmen. Dazu gehört auch dafür zu sorgen, dass das Kind in erforderlichem Umfang für die Schule arbeitet. Von daher ist eine viertägige „Ausgangssperre" für K grundsätzlich vom Erziehungsrecht der Eltern gedeckt – es sei denn, diese würde sich als seelische Verletzung oder andere entwürdigende Maßnahme darstellen, die nach § 1631 Abs. 2 unzulässig wäre. Dafür gibt es jedoch nach dem Sachverhalt keinen Anhaltspunkt.

2. Dasselbe gilt für die Kürzung des Taschengeldes.

3. Gemäß § 1631 Abs. 2 haben Kinder ein Recht auf gewaltfreie Erziehung: Körperliche Bestrafungen sind unzulässig. Dies gilt selbstverständlich auch dann, wenn Verletzungen bald wieder abheilen. Von daher ist das Verhalten von V ein Anlass für ein Einschreiten des Familiengerichts nach § 1666. Die Tatbestandsvoraussetzungen von § 1666 Abs. 1 sind erfüllt. Denn das körperliche und vermutlich auch das seelische Wohl des Kindes sind durch die regelmäßigen Stockschläge eindeutig gefährdet, und nach dem Sachverhalt ist mangels näherer Angaben davon auszugehen, dass V nicht gewillt und nicht in der Lage ist, die Gefahr abzuwenden. Von daher hat das Familiengericht die hier im Einzelfall erforderlichen Maßnahmen zu treffen. Diese könnten darin bestehen, dass V entweder das Personensorgerecht entzogen und insoweit ein Pfleger bestellt oder ggf. sogar das gesamte elterliche Sorgerecht entzogen und ein Vormund bestellt wird, sofern nicht § 1680 Abs. 3 Platz greift. Nach § 1680 Abs. 3 in Verbindung mit Abs. 1 könnte M die elterliche Sorge allein zustehen. Ist diese jedoch nicht in der Lage, die Prügeleien durch V zu verhindern, ist auch mit Blick auf M an einen Sorgerechtsentzug nach § 1666 Abs. 1 zu denken.

4. In diesem Fall ist das geistige Wohl des Kindes gefährdet. Sollten die Eltern nicht bereit oder in der Lage sein, die Gefahr abzuwenden – indem sie das Kind doch zur Schule schicken, hat auch hier das Gericht die erforderlichen Maßnahmen nach § 1666 zu treffen. Es wird den Eltern gegenüber gemäß § 1666 Abs. 3 Nr. 2 gebieten, für die Einhaltung der Schulpflicht zu sorgen, oder ihnen erforderlichenfalls gemäß § 1666 Abs. 3 Nr. 6 insoweit das Erziehungsrecht entziehen und gemäß § 1909 Abs. 1 auf einen Pfleger übertragen, der den Besuch der Schule von K sicherzustellen hat.

5. Gemäß § 1632 Abs. 2 umfasst die den Eltern obliegende Personsorge auch das Recht, den Umgang des Kindes auch mit Wirkung für oder gegen Dritte zu bestimmen. Von daher können M und V dem L den Umgang mit K verbieten. Nicht eindeutig zu beurteilen ist nach dem Sachverhalt, ob sie auch durchsetzen könnten, dass L aus dem Hause auszieht. M und V werden dies nicht verlangen können, wenn auf andere, weniger gravierende Weise sichergestellt werden kann, dass kein Kontakt mehr zwischen K und L zustande kommt. In Extremfällen haben einzelne Familiengerichte einem Dritten mit Zwangsgeldandrohung und ggf. per Durchsetzung mit Gewalt aufgegeben, seine Wohnung zu verlassen und in einem bestimmten Mindestabstand eine neue Wohnung zu nehmen.

6. Durch Verweigerung der Zustimmung zur Bluttransfusion (§ 1629 Abs. 1 Satz 2) wird das körperliche Wohl von K gefährdet gemäß § 1666 Abs. 1. Da die Eltern auch nicht bereit und in der Lage sind, die Gefahr abzuwenden, hat das Familiengericht auch hier nach § 1666 Abs. 1 die erforderlichen Maßnahmen zu treffen. Insoweit wäre es hier möglich, dass das Gericht nach § 1666 Abs. 3 Nr. 5 Erklärungen des Inhabers der elterlichen Sorge ersetzt, also anstelle der Eltern in die erforderliche Bluttransfusion einwilligt. Dies wäre hier ausreichend und zugleich Erfolg versprechend im Sinne des Grundsatzes der Verhältnismäßigkeit nach § 1666a.

Lösung Fall 11: Der Adoptionsfall

1. Nach dem Sachverhalt ist M Vater von K und hat deshalb auch ohne Sorgerecht grundsätzlich ein Umgangsrecht nach § 1684 Abs. 1 mit K. Allerdings kann das Familiengericht gemäß § 1684 Abs. 3 über den Umfang des Umgangsrechts entscheiden, seine Ausübung näher regeln, gemäß § 1684 Abs. 4 einschränken oder ggf. sogar ausschließen, soweit dies zum Wohl des Kindes erforderlich ist – oder begleiteten Umgang anordnen. Über die Adoption ist auf Antrag von P durch Beschluss des Familiengerichts gemäß § 1752 zu entscheiden. Voraussetzung für die Zulässigkeit der Annahme durch P ist insbesondere, dass nach § 1741 Abs. 1 Satz 1 diese dem Wohl des Kindes dient und, dass zu erwarten ist, dass zwischen P und K ein Eltern-Kind-Verhältnis entsteht. Nach dem Sachverhalt kann davon ausgegangen werden. P kann, wenn er nicht mit F verheiratet ist, gemäß § 1741 Abs. 2 Satz 1 K allein annehmen. Ist er verheiratet, kann er das Kind nach § 1741 Abs. 2 Satz 3 allein annehmen. Nach dem Sachverhalt ist davon auszugehen, dass auch die erforderlichen Einwilligungen nach den §§ 1746, 1747 und 1749 vorliegen. Falls M keine Einwilligung in die Adoption erteilen will, kommt hier wohl eine Ersetzung seiner Einwilligung gemäß § 1748 Abs. 1 Satz 1 in Betracht. Denn es ist davon auszugehen, dass M entweder seine Pflichten gegenüber dem Kind anhaltend gröblich verletzt bzw. durch sein Verhalten gezeigt hat, dass ihm das Kind egal ist, weil er sich vier Jahre um das Kind in keiner Weise gekümmert hat. Auch dürfte davon auszugehen sein, dass das Unterbleiben der Annahme dem Kind zu unverhältnismäßigem Nachteil gereichen würde, weil K P mag und akzeptiert. Wird auf „Gleichgültigkeit" von M abgestellt, müsste darüber hinaus eine Belehrung nach § 1748 Abs. 2 in Verbindung mit § 51 Abs. 2 SGB VIII durch das Jugendamt erfolgen.

2. Gemäß § 1751 Abs. 1 Satz 1 würde mit der Einwilligung von F deren elterliche Sorge ruhen, und das Jugendamt würde gemäß § 1751 Abs. 1 Satz 2, 1. Halbsatz, Vormund. Dies gilt hier gemäß § 1751 Abs. 1 Satz 2, 2. Halbsatz, jedoch nicht, weil der andere Elternteil, also F, die elterliche Sorge allein ausübt. Wenn F und P verheiratet wären, wäre § 1751 Abs. 1 gemäß Abs. 2 ohnehin nicht auf einen Ehegatten anzuwenden, dessen Kind vom anderen Ehegatten angenommen wird.

3. Die Adoption kommt zustande durch Beschluss des Gerichts nach § 1752 Abs. 1 mit den rechtlichen Wirkungen nach Kapitel 11.2 (siehe oben).

4. Die Annahme als Kind soll grundsätzlich nicht rückgängig gemacht werden, kann jedoch durch das Gericht während der Minderjährigkeit des Kindes gemäß § 1763 Abs. 1 ausnahmsweise aufgehoben werden, wenn dies aus schwer wiegenden Gründen zum Wohl des Kindes erforderlich ist. Diese Voraussetzung dürfte hier erfüllt sein. Außerdem setzt die Aufhebung des Annahmeverhältnisses gemäß § 1763 Abs. 3 a) zusätzlich die Bereitschaft des anderen Ehegatten oder eines leiblichen Elternteils zur Pflege und Erziehung des Kindes oder gemäß § 1763 Abs. 3 b) die Aufhebung mit dem Ziel einer erneuten Annahme des Kindes voraus.

Lösung Fall 12: Vormundschaft

1. Wird V das elterliche Sorgerecht gemäß § 1666 entzogen, steht M gemäß § 1680 Abs. 3 in Verbindung mit Abs. 1 die elterliche Sorge alleine zu. Wenn M ein weiteres Jahr später tödlich verunglückt, steht K nicht mehr unter elterlicher Sorge, so dass für ihn gemäß § 1773 Abs. 1 von Amts wegen (§ 1774) ein Vormund zu bestellen ist. Dasselbe gilt für den Fall, dass M im Zeitpunkt des Entzugs von V's Sorgerecht noch minderjährig gewesen wäre, weil hier ihr Sorgerecht gemäß §§ 1673 Abs. 2 Satz 1, 1675 geruht hätte.

2. Auch in diesem Fall bedarf es der Bestellung eines Vormunds für K gemäß § 1773 Abs. 1. Die testamentarische Verfügung ist rechtlich eine Benennung – ein Vorschlag – der Eltern im Hinblick auf die Bestellung des Vormunds, an die das Familiengericht in der Regel, aber nicht absolut zwingend, gebunden ist (vgl. §§ 1776, 1778, 1779).

3. In einem solchen Fall ist davon auszugehen, dass die Bestellung von O zum Vormund das Wohl des Mündels (K) gefährden würde, so dass das Familiengericht gemäß § 1779 Abs. 1, 2 nicht O, sondern eine andere geeignete Person zum Vormund auswählen würde. Ist eine solche Person nicht vorhanden, hat das Gericht gemäß § 1791a einen Verein bzw. letztlich gemäß § 1791b das Jugendamt zum (Amts-)Vormund zu bestellen.

4. Gesetzt den Fall, das Jugendamt wäre Amtsvormund, so ist dieses gemäß § 1887 Abs. 1 zu „entlassen" und ist B bei Vorliegen der übrigen gesetzlichen Voraussetzungen zum Vormund zu bestellen.

5. B hat als Vormund gemäß § 1793 Abs. 1 das Recht und die Pflicht, für die Person und das Vermögen des Mündels (K) zu sorgen, insbesondere den Mündel zu vertreten. Allerdings bedarf der Vormund insbesondere im vermögensrechtlichen Bereich in zahlreichen Fällen der Genehmigung des Gerichts. Dies gilt auch hier gemäß § 1821 Abs. 1 Nr. 1 im Falle der Verfügung über Grundstücke des Mündels K.

6. Das Recht und die Pflicht des Vormunds, für die Person des Mündels zu sorgen, bestimmen sich gemäß § 1800 nach den §§ 1631 bis 1633. Dazu gehört auch die gesundheitliche Fürsorge einschließlich der Zustimmung zur Durchführung von aussichtsreichen medizinischen Heilbehandlungen. In diesem Fall kann das Gericht dem Vormund die gesetzliche Vertretung in Angelegenheiten der Heilbehandlung gemäß § 1796 entziehen und insoweit einem Pfleger gemäß § 1909 übertragen, der die erforderlichen Zustimmungen erteilen kann.

Lösung Fall 13: Vielerlei Rechtliche Betreuungen

1. Hier müsste der Sachverhalt noch näher geklärt werden, bevor ggf. eine Rechtliche Betreuung für M durch das Betreuungsgericht gemäß § 1896 Abs. 1 zu bestellen wäre. Zunächst wäre dafür Voraussetzung, dass M psychisch krank oder körperlich, geistig oder seelisch behindert wäre, so dass er seine Angelegenheiten ganz oder teilweise nicht mehr besorgen kann. Außerdem dürfte keine ausreichende Vorsorgevollmacht vorliegen und müsste auch sonst die Betreuung erforderlich sein, weil keine anderen Hilfen in Betracht kommen (Abs. 2). Die Bestellung darf sodann nicht gegen den freien Willen des Betreuten geschehen (§ 1896 Abs. 1a). Fraglich wäre auch der Umfang einer Rechtlichen Betreuung, die gemäß § 1896 Abs. 2 nur für Aufgabenkreise bestellt werden darf, für die die Betreuung „erforderlich" ist. Wäre sie dies auch mit Blick auf eine zwangsweise Verbringung des 90-jährigen M in ein Altersheim, wo es ggf. zu einer weiteren Verschlechterung seines Gesundheitszustandes kommen könnte? Insoweit müsste sich eine Entscheidung primär am Wohl des Betroffenen orientieren und müsste dessen Selbstbestimmungsrecht beachten.

2. Sofern die Voraussetzungen von § 1896 vorliegen, könnte E zum Rechtlichen Betreuer gemäß § 1897 Abs. 1 bestellt werden – mit Übernahmepflicht gemäß § 1898 Abs. 1.

3. Nach dem Sachverhalt steht E unter Rechtlicher Betreuung. Dennoch ist er grundsätzlich in vollem Umfang weiterhin rechts- und geschäftsfähig, und er ist deshalb grundsätzlich rechtlich nicht daran gehindert, weiterhin alkoholische Getränke zu kaufen, eine Vaterschaft anzuerkennen (vgl. § 1596 Abs. 3), sich sterilisieren zu lassen und sich einer lebensrettenden Operation zu verweigern. Soweit dies zur Abwendung einer erheblichen Gefahr für die Person des Betreuten erforderlich ist, kann das Gericht jedoch zusätzlich gemäß § 1903 einen Einwilligungsvorbehalt anordnen. Dies bedeutet, dass E für bestimmte Willenserklärungen der Einwilligung des Betreuers bedarf. Dies gilt ggf. auch für den Kauf alkoholischer Getränke, für die Anerkennung der Vaterschaft (siehe § 1596 Abs. 3, 2. Halbsatz) etc. Zusätzlich bedarf der Betreuer zur Einwilligung in eine Sterilisation (§ 1905 Abs. 1, 2) und in die Durchführung der Operation (§ 1904 Abs. 1) der Genehmigung des Gerichts.

Lösung Fall 14: Rund um die Eingetragene Lebenspartnerschaft

1. Die Begründung einer Eingetragenen Lebenspartnerschaft erfolgt gemäß § 1 Abs. 1 Satz 1 LPartG durch Erklärung von A und B vor dem Standesbeamten, dass sie miteinander eine Partnerschaft auf Lebenszeit führen wollen.

2. Nein, denn die Erklärungen zur Begründung einer Lebenspartnerschaft können gemäß § 1 Abs. 1 Satz 2 LPartG nicht unter einer Bedingung abgegeben werden.

3. Gemäß § 2 Satz 1 LPartG sind die Lebenspartner unter anderem „zur gemeinsamen Lebensgestaltung" verpflichtet. Was dies, insbesondere im Unterschied zur ehelichen Lebensgemeinschaft nach § 1353 Abs. 1 Satz 2 bedeutet, ist unklar. Unbeschadet dessen sind die Lebenspartner gemäß § 2 Satz 1 LPartG einander zu Fürsorge und Unterstützung verpflichtet, und sie tragen füreinander Verantwortung (§ 2 Satz 2 LPartG).

4. Dies wäre möglich, denn allein die Lebenspartner bestimmen, wer in der Partnerschaft welche Aufgaben übernimmt und wer für die finanzielle Sicherstellung der Lebensgemeinschaft Verantwortung trägt (vgl. §§ 2, 5 LPartG).

5. Beides wäre alternativ möglich aufgrund eines notariellen Vertrages (Lebenspartnerschaftsvertrages) gemäß § 7 LPartG in Verbindung mit §§ 1409 bis 1563, wenn beide alternativ darüber einig geworden sind.

6. Nein, A und B können ein Kind (nach bislang noch geltendem Recht) nicht gemeinsam adoptieren. Gemäß § 1741 können dies bislang (gemeinsam) nur Ehepaare (§ 1741 Abs. 2 Satz 2). Allerdings könnten A oder B ein Kind je allein annehmen (§ 1741 Abs. 2 Satz 1). Dafür wäre jedoch gemäß § 9 Abs. 6 Satz 1 LPartG die Einwilligung des Lebenspartners erforderlich. Schließlich kann ein Lebenspartner gemäß § 9 Abs. 7 Satz 1 ein Kind seines Lebenspartners allein annehmen.

7. Ja, im Hinblick auf das Erbrecht gelten gemäß § 10 LPartG praktisch dieselben Regelungen wie für das Erbrecht von Eheleuten.

8. Lebenspartner können sich nicht „scheiden", sie können jedoch die Lebenspartnerschaft auf Antrag eines oder beider Lebenspartner durch richterliche Entscheidung (des Familiengerichts) gemäß § 15 Abs. 1 aufheben lassen. Die Voraussetzungen für die Aufhebung der Lebenspartnerschaft gemäß § 15 Abs. 2 sind ähnlich wie die Voraussetzungen für die Scheidung von Eheleuten gemäß §§ 1565, 1566. Gemäß § 15 Abs. 2 Nr. 3 LPartG ist die Aufhebung der Lebenspartnerschaft bereits nach sechs Monaten allerdings nur möglich, wenn die Fortsetzung der Lebenspartnerschaft für den Antragsteller aus Gründen, die in der Person des anderen Lebenspartners liegen, eine unzumutbare Härte wäre. Eine Aufhebung der Lebenspartnerschaft nach zwei Jahren wäre nach § 15 Abs. 2 Nr. 1 a) möglich mit Zustimmung des anderen Lebenspartners bzw. nach b) dann, wenn – nach Feststellung durch das Familiengericht – nicht erwartet werden kann, dass eine partnerschaftliche Lebensgemeinschaft wiederhergestellt werden kann.

9. A könnte nach § 16 Satz 2 in Verbindung mit §§ 1570 ff. nachpartnerschaftlichen Unterhalt verlangen, wenn die entsprechenden gesetzlichen Voraussetzungen vorliegen.

10. Für den Versorgungsausgleich gilt § 20 LPartG mit Parallelregelungen zum Versorgungsausgleich zwischen Eheleuten; gemäß § 20 Abs. 1 LPartG findet im Falle der Aufhebung der Lebenspartnerschaft in entsprechender Anwendung des Versorgungsausgleichsgesetzes ein Ausgleich von Versorgungsanrechten statt, soweit diese in der Lebenspartnerschaft begründet oder aufrechterhalten worden sind.

Literatur

Zitierte Literatur

Balloff, R. (2004): Kinder vor dem Familiengericht. Ernst Reinhardt, München / Basel

Bergschneider, L. (2011): Verträge in Familiensachen. 4. Aufl. Gieseking, Bielefeld

Bienwald, W., Sonnenfeld, S., Hoffmann, B. (2011): Betreuungsrecht. Kommentar. 5. Aufl. Gieseking, Bielefeld

Bruns, M., Kemper, R. (2005): Lebenspartnerschaftsrecht. Handkommentar. 2. Aufl. Nomos, Baden-Baden

Büte, D. (2005): Das Umgangsrecht bei Kindern geschiedener oder getrennt lebender Eltern: Ausgestaltung – Verfahren – Vollstreckung. 2. Aufl. Erich-Schmidt-Verlag, Berlin

Büte, D., Poppen, E., Menne, M. (2009): Unterhaltsrecht. Kommentar. 2. Aufl. Beck, München

Burhoff, D., Willemsen, V. (2014): Handbuch der nichtehelichen Lebensgemeinschaft. 4. Aufl. ZAP-Verlag / WoltersKluwer, Köln

Damrau, J., Zimmermann, W. (2011): Betreuungsrecht. 4. Aufl. Kohlhammer, Stuttgart

Dettenborn, H. (2014): Kindeswohl und Kindeswille. Psychologische und rechtliche Aspekte. 4., überarb. Aufl. Ernst Reinhardt, München / Basel

Deutscher Bundestag (2013): 14. Kinder- und Jugendbericht. Bericht über die Lebenssituation junger Menschen und die Leistungen der Kinder- und Jugendhilfe in Deutschland, Bundestags-Drucksache 17 / 12200 vom 30.1.2013 sowie Buchpublikation des Bundesministeriums für Familie, Senioren, Frauen und Jugend, Berlin, zitiert: 14. KJB

Dodegge, G., Roth, A. (2010): Betreuungsrecht. 3. Aufl. Bundesanzeiger, Köln

Dose, H.-J. (Hrsg.), Wendl, P., Staudigl, S. (2011): Das Unterhaltsrecht in der familienrichterlichen Praxis. 8. Aufl., Beck, München

Duderstadt, J. (2000): Die nichteheliche Lebensgemeinschaft. Luchterhand, Neuwied / Kriftel

Fröschle, T. (2013): Sorge und Umgang – Elternverantwortung in der Rechtspraxis. Gieseking, Bielefeld

Fröschle, T. (2012): Studienbuch Vormundschafts- und Pflegschaftsrecht. Bundesanzeiger, Köln

Fröschle, T. (2009): Studienbuch Betreuungsrecht. 2. Aufl. Bundesanzeiger, Köln

Gerhardt, P. (2008): Die Unterhaltsreform zum 01.01.2008. FuR, 9

Glockner, R., Hoenes, U., Weil, K. (2009): Der neue Versorgungsausgleich. Beck, München

Greßmann, M., Beinkinstadt, J. (1998): Das Recht der Beistandschaft. Boorberg, Stuttgart / München / Hannover / Berlin / Weimar / Dresden

Grziwotz, H. (2014): Rechtsprechung zur nichtehelichen Lebensgemeinschaft. FamRZ, 257-263

Grziwotz, H. (2011): Rechtsprechung zur nichtehelichen Lebensgemeinschaft. FamRZ, 697–701

Grziwotz, H. (2010): Rechtsfragen des nichtehelichen Zusammenlebens. 3. Aufl. Beck, München

Grziwotz, H. (2006): Nichteheliche Lebensgemeinschaft. 4. Aufl. Beck, München

Grün, K.-J. (2010): Vaterschaftsfeststellung und -anfechtung. 2. Aufl. Erich Schmidt, Berlin

Haußleiter, 0., Schulz, W. (2011): Vermögensauseinandersetzung bei Trennung und Scheidung. 5. Aufl. Beck, München

Heiß, B., Born, W. (Hrsg.) (Stand 2013): Unterhaltsrecht. Ein Handbuch für die Praxis. 44. Aufl., Loseblattsammlung. Beck, München

Heiß, H., Castellanos, H. A. (2013): Die gemeinsame Sorge und das Kindeswohl, Nomos, Baden-Baden

Helms, T., Kieninger, J., Rittner, C. (2010): Abstammungsrecht in der Praxis: Materielles Recht, Verfahrensrecht, Medizinische Abstammungsbegutachtung. Gieseking, Bielefeld

Hoffmann, B. (2013): Personensorge. 2. Aufl. Nomos, Baden-Baden

Johannsen, K., Henrich, D. (Hrsg.) (2010): Eherecht. 5. Aufl. Beck, München

Jurgeleit, A. (Hrsg.) (2013): Betreuungsrecht. Handkommentar. 3. Aufl. Nomos, Baden-Baden

Jürgens, A. (2014): Betreuungsrecht. Kommentar. 5. Aufl. Beck, München

Kalthoener, E., Büttner, H., Niepmann, B. (2013): Die Rechtsprechung zur Höhe des Unterhalts. 12. Aufl. Beck, München

Kemper, R., Schreiber, K. (Hrsg.) (2011): Familienverfahrensrecht. Handkommentar. 2. Aufl. Nomos, Baden-Baden

Klinkhammer, M., Klotmann, U., Prinz, S. (2011): Handbuch begleiteter Umgang – pädagogische, psychologische und rechtliche Aspekte. 2. Aufl. Bundesanzeiger, Köln

Köhler, W. (Hrsg.), Luthin, H., Koch, E. (2012): Handbuch des Unterhaltsrechts. 12. Aufl. Vahlen, München

Langenfeld, G. (2011): Handbuch der Eheverträge und Scheidungsvereinbarungen. 6. Aufl. Beck, München

Liceni-Kierstein, D. (2011): Bachelor- und Masterstudium – einheitlicher Ausbildungsgang oder Doppelstudium? FamRZ, 526–529

Löhnig, M. (2010): Das Recht der Kinder nicht verheirateter Eltern. 3. Aufl. Erich Schmidt, Berlin

Meier, S. M., Neumann, A. (2011): Handbuch Vermögenssorge. 2. Aufl. Bundesanzeiger, Köln

Menne, M. (2008): Das neue Unterhaltsrecht. Bundesanzeiger, Köln

Meyer, T., Mittelstädt, A. (2001): Das Lebenspartnerschaftsgesetz. Bundesanzeiger, Köln

Meysen, T. (Hrsg.) (2009): Das Familienverfahrensrecht FamFG. Praxiskommentar. Bundesanzeiger, Köln

Müller, G., Sieghörtner, R., Emmerling de Oliveira, N. (2011): Adoptionsrecht in der Praxis. 2. Aufl. Gieseking, Bielefeld

Münder, J., Ernst, R., Behlert, W. (2013): Familienrecht. Eine sozialwissenschaftlich orientierte Darstellung. 7. Aufl. Nomos, Baden-Baden

Münder, J., Mutke, B., Seidenstücker, B., Tammen, B., Bindel-Kögel, G. (2007): Die Praxis des Kindschaftsrechts in Jugendhilfe und Justiz. Ernst Reinhardt, München / Basel

Oberloskamp, H. (2011): Kommentierung des Adoptionsvermittlungsgesetzes. In: Wiesner, R. (Hrsg.): SGB VIII. Kinder- und Jugendhilfe. Kommentar. 4. Aufl. Beck, München, 1585 ff.

Oberloskamp, H. (Hrsg.) (2010): Vormundschaft, Pflegschaft und Beistandschaft für Minderjährige. 3. Aufl. Beck, München

Oberloskamp, H. (1998): Kindschaftsrechtliche Fälle für Studium und Praxis. 5. Aufl. Luchterhand, Neuwied / Kriftel

Oberloskamp, H., Hoffmann, B. (2006): Wir werden Adoptiv- oder Pflegeeltern. 5. Aufl. Beck, München

Paulitz, H. (2006): Adoption. Positionen, Impulse, Perspektiven. 2. Aufl. Beck, München

Prenzlow, R. (2013): Handbuch Elterliche Sorge und Umgang. Bundesanzeiger, Köln

Reinhardt, J., Kemper, R., Weitzel, W. (2012): Adoptionsrecht. Handkommentar. Nomos, Baden-Baden

Röchling, W. (Hrsg.) (2009): Handbuch Anwalt des Kindes. 2. Aufl. Nomos, Baden-Baden

Ruland, F. (2011): Versorgungsausgleich. 3. Aufl. Beck, München

Salgo, L., Zenz, G., Fegert, J., Bauer, A., Weber, C., Zitelmann, M. (Hrsg.) (2014): Verfahrensbeistandschaft. Ein Handbuch für die Praxis. 3. Aufl. Bundesanzeiger, Köln

Schulte-Bunert, K., Weinreich, G. (Hrsg.) (2014): FamFG. Kommentar. 4. Aufl. WoltersKluwer / Luchterhand, Neuwied

Schwab, D. (Hrsg.) (2013a): Handbuch des Scheidungsrechts. 7. Aufl. Vahlen, München

Schwab, D. (2013b): Familienrecht. 21. Aufl. C. H. Beck, München

Schwab, M. (2010): Die Vermögensauseinandersetzung in nichtehelichen Lebensgemeinschaften. FamRZ, 1701

Statistisches Bundesamt (2013): Pressemitteilung Nr. 250 vom 26.07.2013, Wiesbaden (auch: www.destatis.de)

Statistisches Bundesamt Mikrozensus (2012), www.destatis.de

Statistisches Bundesamt (2012): Statistiken der Kinder- und Jugendhilfe 2011 -- Pflegschaften, Vormundschaften, Beistandschaften. Wiesbaden (auch: www.destatis.de)

Statistisches Bundesamt (2010): Meldung vom 05.10.2010 (auch: www.destatis.de)

Statistisches Bundesamt (2008): Pressemitteilung Nr. 307 vom 25.08.2008. Wiesbaden (auch: www.destatis.de)

Statistisches Bundesamt (2005 ff.): Statistiken der Kinder- und Jugendhilfe. Wiesbaden (auch: www.destatis.de)

Statistisches Bundesamt (2004a): Fachserie 1, Reihe 1.1. Wiesbaden

Statistisches Bundesamt (2004b): Statistik der Jugendhilfe – Adoptionen. Wiesbaden

Strecker, C. (2010): Versöhnliche Scheidung. 4. Aufl. Beck, München

Sünderhauf, H. (2013): Wechselmodell: Psychologie – Recht – Praxis. Abwechselnde Kinderbetreuung durch Eltern nach Trennung und Scheidung, Springer Fachmedien, Wiesbaden

Triebs, M. (2009): Versorgungsausgleich aktuell. Nomos, Baden-Baden

Tzschaschel, H.-U. (2010): Vereinbarungen bei nichtehelichen Lebensgemeinschaften. 5. Aufl. Verlag Recht und Wirtschaft, Frankfurt am Main

Völker, M., Clausius, M. (2011): Sorge- und Umgangsrecht. 4. Aufl. Deutscher Anwaltsverlag, Bonn

Wallerstein, J. S., Lewis, J. (2001): Langzeitwirkungen der elterlichen Scheidung auf Kinder. Eine Längsschnittuntersuchung über 25 Jahre. FamRZ, 65

Wallerstein, J. S., Lewis, J., Blakeslee, S. (2002): Scheidungsfolgen. Die Kinder tragen die Last. Eine Langzeitstudie über 25 Jahre. Votum, Münster

Zimmermann, W. (2014): Ratgeber Betreuungsrecht. 10. Aufl. Beck, München

Lehrbücher

Fieseler, G., Herborth, R. (2010): Recht der Familie und Jugendhilfe. 7. Aufl. Luchterhand, Neuwied

Fröschle, T. (2013): Familienrecht. 2. Aufl. Kohlhammer, Stuttgart

Gastiger, S., Winkler, J. (Hrsg.) (2008): Recht der Familienhilfe. Studienbuch für die Soziale Arbeit. Lambertus, Freiburg / Br.

Gernhuber, J., Coester-Waltjen, D. (2011): Familienrecht. 6. Aufl. Beck, München

Lorenz, A. (2013): Zivil- und familienrechtliche Grundlagen der Sozialen Arbeit. 2. Aufl. Nomos, Baden-Baden

Marx, A. (Hrsg.) (2011): Familienrecht für soziale Berufe. Bundesanzeiger, Köln

Münder, J., Ernst, R., Behlert, W. (2013): Familienrecht. 7. Aufl. Nomos, Baden-Baden

Röchling, W. (2012): Jugend- Familien- und Betreuungsrecht für die Soziale Arbeit. Kohlhammer, Stuttgart

Schleicher, H. (2014): Jugend- und Familienrecht. 14. Aufl. Beck, München

Schwab, D. (2013): Familienrecht. 21. Aufl. Beck, München

Wabnitz, R. J. (2014): Grundkurs Recht für die Soziale Arbeit. 2., überarb. Aufl. Ernst Reinhardt, München / Basel

Wabnitz, R. J. (2012): Grundkurs Kinder- und Jugendhilferecht für die Soziale Arbeit. 3., überarb. Aufl. Ernst Reinhardt, München / Basel

Wabnitz, R. J. (2004): Handwörterbuch Kinder- und Jugendhilferecht. SGB VIII – KJHG. Nomos, Baden-Baden

Wellenhofer, M. (2011): Familienrecht. 2. Aufl. Beck, München

Fallsammlungen

Jox, R. (2013): Neue Fälle zum Familien- und Jugendrecht: 15 Klausuren mit Lösungen. 3. Aufl. Barbara Budrich / UTB

Oberloskamp, H., Marx, A. (2006): Kindschaftsrechtliche Fälle für Studium und Praxis. 6. Aufl. Luchterhand, Neuwied,

Oberloskamp, H., Borg-Laufs, M., Mutke. B. (2009): Gutachtliche Stellungnahmen in der sozialen Arbeit. Eine Anleitung mit Beispielen für die Mitwirkung in Familiengerichts- und Jugendstrafverfahren. 7. Aufl. Luchterhand, Neuwied

Kommentare

Kaiser, D., Schnitzler, K., Friederici, P., Schilling, R. (Hrsg.) (2014): BGB Familienrecht. Band 4 der BGB-Gesamtausgabe „Nomos Kommentar". 3. Aufl. Nomos, Baden-Baden

Münchner Kommentar zum BGB (2012): Bd. 7 und 8 Familienrecht. 6. Aufl. Beck, München

Palandt, O. (2014): Bürgerliches Gesetzbuch. 74. Aufl. Beck, München

Schulz, W., Hauß, J. (2011): Familienrecht. Handkommentar. 2. Aufl. Nomos, Baden-Baden

Staudinger, J. von (Stand 2014): Kommentar zum Bürgerlichen Gesetzbuch. Erich Schmidt, Berlin

Weinreich, G., Klein, M. (2013): Kompaktkommentar Familienrecht. 5. Aufl. Luchterhand, Neuwied / Kriftel

vgl. auch die übrige Kommentarliteratur zum BGB (dort: 4. Buch Familienrecht)

Zeitschriften

FamFR, Familienrecht und Familienverfahrensrecht
FamRZ, Zeitschrift für das gesamte Familienrecht
FPR, Familie, Partnerschaft und Recht
FuR, Familie und Recht
JAmt, Das Jugendamt (früher: Der Amtsvormund)
NJW, Neue Juristische Wochenschrift
NZFam, Neue Zeitschrift für Familienrecht
RdJB, Recht der Jugend und des Bildungswesens
ZfJ, Zentralblatt für Jugendrecht (bis 2005, jetzt: ZKJ)
ZKJ, Zeitschrift für Kindschaftsrecht und Jugendhilfe (ab 2006)

Sachregister

1.1 Recht als Rahmenbedingung Sozialer Arbeit

1.1.1 Soziale Wirklichkeit und Recht

Was hat Recht mit der sozialen Wirklichkeit und mit der Gesellschaft zu tun, in der wir leben? Vielleicht wird dies deutlich, wenn man einen kurzen Blick in eine x-beliebige Tageszeitung und auf die dort besonders ins Auge springenden Schlagzeilen wirft. Dies könnten z. B. die Folgenden sein, bei denen sofort deutlich wird, dass Politik, Wirtschaft, lokale Nachrichten, ja sogar Sport und Feuilleton sehr häufig zumindest auch eine rechtliche Dimension haben:

- „Staats- und Regierungschefs fordern verbindliche Regelungen für die Bankenaufsicht."
- „Bundestag beschließt Kindergelderhöhung."
- „Wirtschaft fordert verbesserte Abschreibungsmöglichkeiten für Investitionen im Umweltschutz."
- „Keine Tarifeinigung in Sicht. Droht jetzt ein neuer Arbeitskampf in der Metallindustrie?"
- „Kein neues Einkaufzentrum auf der grünen Wiese"
- „Doping im Radsport und kein Ende."

Wie man unschwer erkennt, gibt es in all diesen Fällen vielfältige rechtliche Regelungen zu beachten: des internationalen Rechts, des Wirtschafts-, des Familien-, des Arbeits-, des Umwelt- und sogar des Sportrechts!

ℝ/ reinhardt
www.reinhardt-verlag.de

Schon diese wenigen Beispiele zeigen, dass ganz offensichtlich große Bereiche von Politik, Wirtschaft, Umwelt, Freizeit und Sport in einem Maße von rechtlichen Regelungen durchdrungen sind, wie man sich dies als „Normalbürger" mitunter gar nicht vorstellt.

1.1.2 Soziale Arbeit und Recht

Und wie sieht dies in der Sozialen Arbeit aus? Dazu zwei praktische Beispiele.

Beispiel 1:

Frau Anna A. ist 34 Jahre alt und hat zwei Kinder im Alter von fünf und acht Jahren. Frau A. ist von ihrem Ehemann verlassen worden. Von Beruf ist sie Sekretärin, hat jedoch seit der Geburt des ersten Kindes nicht mehr gearbeitet. Sie hat zudem ein chronisches Rückenleiden und wäre kaum dazu in der Lage, in ihren alten Beruf zurückzukehren, in dem sich mit dem Einsatz moderner Informations- und Computertechnologien zudem sehr viel verändert hat. Frau A. erhält von ihrem Ehemann keine finanzielle Unterstützung mehr und ist auch sonst mittellos. Sie befindet sich zudem in einer psychischen Krisensituation und wendet sich in ihrer Verzweiflung an Sie als der zuständigen Sozialarbeiterin bzw. dem zuständigen Sozialarbeiter im Amt X der Stadt Y.

Sofort haben Sie sicherlich eine Menge Ideen, wie Frau A. in persönlicher Hinsicht geholfen werden könnte, insbesondere durch Sozialberatung und durch Vermittlung psychotherapeutischer und gesundheitlicher Hilfen. Aber würde dies ausreichen?

ℰⱽ reinhardt

www.reinhardt-verlag.de

Nein, denn in diesem Fall und vielfach auch sonst in der Sozialen Arbeit erfordert professionelle Hilfe nicht nur Sozialberatung, sondern auch Rechtsberatung, ggf. auch Rechtsvertretung. Deshalb müssen Sie sich als Sozialarbeiter/in, wenn Sie hier wirksam helfen wollen, auch im Familienrecht auskennen, insbesondere im Unterhaltsrecht des BGB. Notwendig wäre hier auch die Kenntnis des Unterhaltsvorschussgesetzes.

Mit Blick auf Berufsberatung und Umschulung durch die Agentur für Arbeit ist die Kenntnis der Regelungen des SGB III (Arbeitsförderung) erforderlich, ergänzend möglicherweise auch der Hilfen nach dem SGB VIII (Kinder- und Jugendhilfe) und dem SGB II und SGB XII (Grundsicherung für Arbeitsuchende sowie Sozialhilfe). Im SGB V ist geregelt, welche gesundheitlichen Leistungen der Gesetzlichen Krankenversicherung hier in Betracht zu ziehen sind. Damit wird deutlich, dass Sie als Sozialarbeiterin oder als Sozialarbeiter auch die einschlägigen rechtlichen Ressourcen kennen und ausschöpfen müssen, wenn Sie Frau A. wirkungsvoll helfen wollen.

Beispiel 2:

Der drogenabhängige Karl D. kommt in die Drogenberatungsstelle des Evangelischen Dekanats in der Stadt X. D. offenbart Ihnen als dem/der dort tätigen Sozialarbeiter/in Privatgeheimnisse und im weiteren Verlauf des Gespräches sogar die Begehung einer Straftat. Wie verhalten Sie sich nun gegenüber Ihren Kollegen/innen und Vorgesetzten? Wie gegenüber der Polizei? Dürfen oder gar müssen Sie schweigen? Wie sieht es

ℛ𝒱 reinhardt
www.reinhardt-verlag.de

mit dem Datenschutz und ggf. Ihrem Recht auf Zeug-
nisverweigerung aus, falls es zu einem Prozess
kommt? Auch hier ist offensichtlich, dass die Kenntnis
des einschlägigen Berufsrechts gleichsam die Grundlage Ihrer Tätigkeit als Sozialarbeiter/in darstellt. Auch
hier gehört die Kenntnis des Rechts zum Handwerks-
zeug für eine(n) Sozialarbeiter/in schlechthin.

Leseprobe (S. 14–16) aus:

Reinhard J. Wabnitz
**Grundkurs Recht für die
Soziale Arbeit**
2., überarb. Aufl. 2014. 243 S.
Mit 97 Übersichten, 22 Fällen
und Musterlösungen.
UTB-S (978-3-8252-4143-8) kt

reinhardt
www.reinhardt-verlag.de

SGB VIII verständlich erklärt

Reinhard J. Wabnitz
Grundkurs Kinder- und Jugendhilferecht für die Soziale Arbeit
3., überarb. Auflage 2012. 189 Seiten. 3 Tab. Mit 62 Übersichten
und 14 Fallbeispielen.
UTB-S (978-3-8252-3841-4) kt

Der „Grundkurs Kinder- und Jugendhilferecht für die Soziale Arbeit" vermittelt die elementaren Kenntnisse des Kinder- und Jugendhilferechts. Er gibt Studierenden einen Überblick über die rechtlichen Regelungen im SGB VIII, die Leistungen und anderen Aufgaben in der Kinder- und Jugendhilfe sowie über deren Trägerstrukturen und Behörden. Für die 3. Auflage wurden wichtige neue Gesetze, u.a. das Bundeskinderschutzgesetz und das Gesetz zur Änderung des Vormundschafts- und Betreuungsrechts eingearbeitet.

ℝ/ reinhardt

www.reinhardt-verlag.de

Professionelle Konfliktlösung

Anja Köstler
Mediation
2010. 100 Seiten. 2 Abb. 2 Tab. Innenteil zweifarbig.
UTB-Profile (978-3-8252-3369-3) kt

Wie kann man verhindern, dass Konflikte eskalieren? Oft
bietet sich die Mediation als professionelles Verfahren
der Konfliktklärung und Vermittlung an. Dieses Buch
führt in Konzepte und Theorien der Mediation ein und
gewährt Einblick in die Arbeitsweise eines Mediators. An
Fallbeispielen aus der psychosozialen Beratung, Nachbar-
schaftskonflikten, Teams in Firmen und Organisationen
u.a. werden die einzelnen Phasen und Werkzeuge der
Mediation erläutert.

ᴇⱽ reinhardt
www.reinhardt-verlag.de

Grundlagen des Jugendstrafrechts

Christoph Nix / Winfried Möller / Carsten Schütz
Einführung in das Jugendstrafrecht für die Soziale Arbeit
2011. 210 Seiten. 6 Abb. 2 Tab.
UTB-S (978-3-8252-3216-0) kt

Dieses Werk führt Studierende der Sozialen Arbeit in das Jugendstrafrecht ein und setzt sich kritisch mit dessen Grundlagen auseinander. Damit bietet es auch für Jurist-Innen einen zielgerichteten Zugang zu diesem Rechtsgebiet. Die Schwerpunkte liegen auf der Darstellung jugendstrafrechtlicher Sanktionen und der Analyse des Verhältnisses von Jugendstrafrecht und Jugendhilfe.

reinhardt
www.reinhardt-verlag.de

Praxisorientierte Methodenlehre

Dieter Kreft / C. Wolfgang Müller (Hg.)
Methodenlehre in der Sozialen Arbeit
Konzepte, Methoden, Verfahren, Techniken
2010. 176 Seiten.
UTB-S (978-3-8252-3370-9) kt

Wie kann in den verschiedenen Tätigkeitsfeldern der Sozialen Arbeit fachlich angemessen und dabei planvoll gehandelt werden? Was sind die relevanten Methoden, Verfahren und Techniken und wie werden diese professionell
eingesetzt? Namhafte AutorInnen erläutern in diesem
Buch gut strukturiert die drei klassischen Methoden und
stellen zahlreiche Beispiele für Verfahren und Techniken
als Grundlagen für das Handeln nach den Regeln der
Kunst vor.

www.reinhardt-verlag.de

Mit Zusatzmaterial zum Download

Johannes Schilling / Susanne Zeller: **Soziale Arbeit**
Geschichte – Theorie – Profession
(Studienbücher für soziale Berufe; 1)
5., durchges. Aufl. 2012. 300 S. 30 Abb. 5 Tab.
Mit 127 Übungsaufgaben.
UTB-L (978-3-8252-8512-8) kt

Studierende der Sozialen Arbeit / Sozialpädagogik / Sozialarbeit finden in diesem Buch einen Leitfaden für ihr Studienfach – von den Anfängen der Armenfürsorge, über Theorien und Methoden bis hin zu heutigen Berufsbildern und dem professionellen Selbstverständnis.

Didaktische Elemente, Fragen zum Text bzw. zur Prüfungsvorbereitung und Zusammenfassungen erleichtern die Arbeit mit diesem Buch.

 reinhardt
www.reinhardt-verlag.de

Wie Menschen in sozialen Gruppen „ticken"

Stefan Stürmer / Birte Siem
Sozialpsychologie der Gruppe
2013. 118 Seiten. 6 Abb.
UTB-S (978-3-8252-3877-3) kt

Macht, Konflikte, Vorurteile, Kooperation, Unterstützung –
all dies sind spannende Phänomene in sozialen Gruppen.
Solche Gruppenprozesse sind ein zentrales sozialpsycholo-
gisches Forschungs-, Lehr- und Prüfungsthema. Dieses
Buch stellt die einschlägigen Theorien und Modelle sozialer
Gruppenprozesse anschaulich vor und informiert über For-
schungsmethoden und -ergebnisse des Verhaltens innerhalb und zwischen Gruppen.

reinhardt
www.reinhardt-verlag.de

Wissen, was der Fall ist

Andrea Braun/Gunther Graßhoff/Cornelia Schweppe
Sozialpädagogische Fallarbeit
(Studienbücher für soziale Berufe; 11)
2011. 135 Seiten.
UTB-L (978-3-8252-8460-2) kt

Dieses Lehrbuch stellt einen methodischen Zugang zur sozialpädagogischen Fallarbeit vor. Konkrete Fälle aus der sozialpädagogischen Praxis dienen als didaktisches Material, um die Herausforderungen der sozialpädagogischen Fallarbeit zu verdeutlichen und im Rahmen der Kernprobleme sozialpädagogischen Handelns zu diskutieren.

www.reinhardt-verlag.de